保育者のための
子育て支援セミナー

大西雅裕　編著

三ツ石行宏・溝渕　淳・藤上幸恵・土肥茂幸
潮谷光人・浦田雅夫・阪野　学　共著

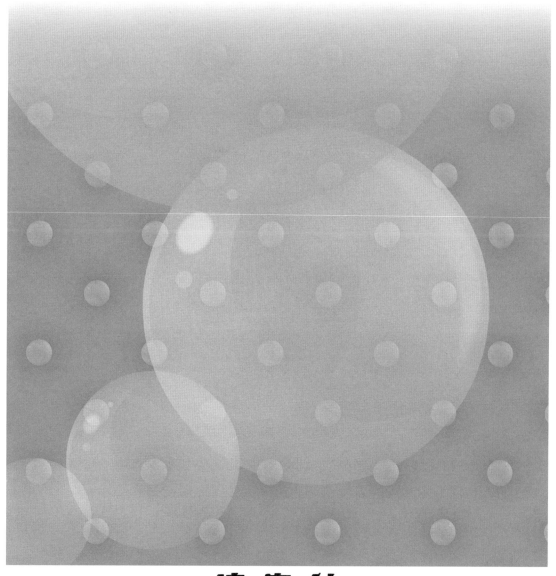

建帛社
KENPAKUSHA

はじめに

　わが国では，超少子高齢社会が急速に発展する中で，子どもの出生数が2015（平成27）年に100万人を下回り，2018（平成30）年生まれの子どもの数は92万1千人であると報じられている。また，2017（平成29）年の合計特殊出生率は1.43となり，政府の目指している1.8に到達することは困難な状況である。このまま出生数の減少が進むと，国立社会保障・人口問題研究所が示しているように，2065年には日本の人口が約8,808万人となり，高齢化率も38.4％になることが推計されている。このような社会状況の変化は，私たちの日常生活にも強く影響を及ぼし，生活そのものを成り立たせている基盤が大きく変化してくることが予想される。家庭やその構成員である親，保護者および子どもたちを取り巻く環境もまた，多大な影響を受けることとなることが予測できる。

　一方で近年，子どもの死亡や虐待のニュース，および各学校でのいじめの事件などがマスコミの報道等で連日取り上げられている。なぜこのようなことが繰り返されてしまうのかについて，子どもと関わる専門職はもちろん，保護者をはじめとした地域住民が共に考え，連携・協働しながら，今できる支援を早急に提供していくことが不可欠であるといえる。

　このように現在，子どもとその家庭を取り巻く状況は多くの問題に直面している。その中で，児童福祉法施行規則等の一部改正が2018（平成30）年4月に行われ，保育士養成施設での修業科目が改正された。そこでは従来の「家庭支援論（講義）（2単位）」，「相談援助（演習）（1単位）」および「保育相談支援（演習）（1単位）」が再編され，「子ども家庭支援論（講義）（2単位）」，「子育て支援（演習）（1単位）」および「子ども家庭支援の心理学（講義）（2単位）」に改められた。社会福祉系の一部科目の教授内容が整理され，教科目が変更されたのである。演習系の科目としては，「保育相談支援」，「相談援助」から「子育て支援」という科目が誕生することとなった。

　本書は，その新しい科目「子育て支援」の教科書である。上述の社会状況を踏まえた上で，今回の改正内容にできるだけ準拠しながら本書の構成は組み立てられている。執筆者は，保育士養成施設で教鞭を執り，また，保育現場等での経験を有している方々である。それぞれの先生方が熱き想いを込めながら執筆されている。文章の端々に多様な，かつ多くの経験が生かされていることを読み取った上で，学びに生かしていただきたい。特に，学習者によるグループワークやアクティブラーニングを念頭に置きながら本書を活用して，学習内容を深められることを期待したい。そして子どもたちを支援する専門職としての理念およびその技法，技術等を涵養していただくことを切望する。

　最後に本書の企画の段階から，温かく見守り，細部にわたったご配慮，ご指導いただいた建帛社の皆様に心から感謝のお礼を申し上げる。

2019年2月

編著者　大西　雅裕

目 次

第Ⅰ部 子育て支援とは —子育て支援としての相談援助の基礎—

第1章　子育て支援施策の展開 …………………………… 2
1．子育て支援施策のはじまり
　　—エンゼルプラン・新エンゼルプラン— ………………… 2
2．少子化対策から子ども・子育て支援へ
　　—少子化対策プラスワンから子ども・子育て応援プランまで— ………… 6
3．子ども・子育て支援新制度 ………………………………… 9

第2章　保護者支援としての相談援助 …………………… 12
1．子育て家庭を取り巻く現状 ………………………………… 12
2．子育て家庭の抱える問題 …………………………………… 16
3．子育て支援に関わる社会資源 ……………………………… 18
4．保護者支援に必要な相談援助 ……………………………… 20

第3章　子育て支援としての相談援助の基礎 …………… 21
1．子育ての主体とは …………………………………………… 21
2．広がり＝仕組みとしてとらえる …………………………… 22
3．時間の流れをとらえる ……………………………………… 24
4．個別性の尊重：切り離して考える ………………………… 26

第4章　子育て支援で活用される諸技術……………………29

1．情報収集の技術………………………………………29
2．図像化の技術…………………………………………30
3．記録とその管理の技術………………………………32
4．集団による対話実践の技術…………………………33
5．利用者の力を高める技術……………………………34
6．つなげる・つながる技術……………………………36

第5章　子育て支援の展開方法……………………………40

1．支援の流れへの理解…………………………………40
2．支援の開始……………………………………………41
3．情報収集・分析と支援計画の立案…………………42
4．支援体制の構築と実施，支援の見直し……………43
5．評価と終結，アフターフォロー……………………44

第Ⅱ部　保育士が行う子育て支援とその実際

第6章　子育て支援の実際－そのポイント……………………48

第7章　保育所における支援…………………………………51

1．保育所における支援とは……………………………51
2．保護者（ママ友）の育ちを支える保育所の事例……52
　演習課題7-1～7-9

第8章　地域の子育て家庭に対する支援……………………58

1．保育所保育指針における地域の保護者等に対する子育て支援……58
2．感情表出が苦手でひとりで悩みを抱え込む傾向のある
　　地域の保護者の事例……………………………………59
　演習課題8-1～8-5

第9章　障がいのある子どもおよびその家庭に対する支援 ……… 66

1. 障がいのある子どもおよびその家庭を支援するために …………… 66
2. 重度の障がいのある子どもとその家庭への支援の事例 …………… 67
   演習課題 9-1～9-2
3. 事例から学ぶ障がいのある子どもおよびその家庭への支援のポイント … 72

第10章　特別な配慮を要する子どもおよびその家庭に対する支援 …………… 74

1. 特別な配慮を要する子どもについて ………………………………… 74
2. 自閉傾向のある子どもへの初期段階からのアプローチ
   －子育て支援の専門職との関わりの事例 ………………………… 74
   演習課題 10-1～10-5

第11章　子ども虐待の予防と対応 ……………………… 84

1. 子ども虐待の現状 ……………………………………………………… 84
2. 子ども虐待に関する専門職としての保育士の役割 ………………… 84
3. 保育所が関係機関と連携し，子ども虐待への対応をする事例 …… 85
   演習課題 11-1～11-9

第12章　要保護児童等の家庭に対する支援 ………………… 93

1. 要保護児童，要支援児童とは ………………………………………… 93
2. 育児ストレスや不安を抱え相談を求めてきた母親に対する
   子育て支援施設の支援の事例 ……………………………………… 94
   演習課題 12-1～12-3
3. 被虐待により一時保護から施設入所となり，
   最終的には家庭引取りとなった事例 ……………………………… 96
   演習課題 12-4～12-6

第13章　多様な支援ニーズを抱える子育て家庭の理解　102

1. 多様な支援ニーズを抱える子育て家庭を理解するために ………… 102
2. 外国籍の子どもの受け入れをめぐって
   保育所における支援を模索する事例 ……………………………… 102
   演習課題 13-1～13-8

第Ⅲ部 子育て支援に想う

1. 援助の中の子育て支援と子育ちの支援……………………………… *110*
2. 他者を理解するということ－保育者と保護者との関係性を中心に－…… *111*
3. 保育所保育指針と子育て支援………………………………………… *113*
4. 起源から探る「あたりまえ」………………………………………… *115*
5. 父親への子育て支援…………………………………………………… *117*
6. 子守りは誰でもできるのか…………………………………………… *118*
7. DV（ドメスティックバイオレンス）と子育て相談………………… *119*
8. 地域子育て支援拠点施設「ファミリーポートひらかた」の実践……… *121*

■索　引……………………………………………………………………… *125*

第Ⅰ部

子育て支援とは
－子育て支援としての相談援助の基礎－

　第Ⅰ部では，子育て支援とは何かについて，総合的な視点から解説を行う。まず，子育て支援に関わる制度の展開と現状について，できるだけ図表を用いながらわかりやすく解説する。その上で，子育て支援を実践する上で不可欠となる相談援助の方法，技法，展開方法等の基礎的内容への理解を深める。第Ⅱ部での事例を用いた演習において，これらの学びがスムーズに連結され，活用されるように学習を進めていただきたい。

第1章 子育て支援施策の展開

1. 子育て支援施策のはじまり
― エンゼルプラン・新エンゼルプラン ―

(1) エンゼルプランの策定

　日本における本格的な子育て支援の取り組みは，1994（平成6）年に当時の文部・厚生・労働・建設の4大臣合意で策定された「今後の子育て支援のための施策の基本的方向について」（通称：エンゼルプラン）から始まる。

　これは，1990（平成2）年の「1.57ショック」が契機となっている。「1.57ショック」とは，1989（平成元）年の合計特殊出生率が1.57と，過去最低であった1966（昭和41）年の合計特殊出生率1.58を下回ったことがわかった際のインパクトを指している（図1-1）。

　出生率の低下と子どもの数が減少傾向にあることを問題として認識した政府は，仕事と子育ての両立支援など，子どもを生み育てやすい環境づくりに向けて検討を始め，エンゼルプラン

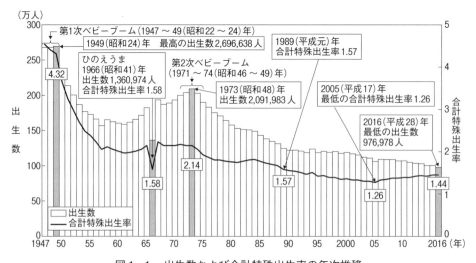

図1-1　出生数および合計特殊出生率の年次推移
出典）内閣府編：平成30年版少子化社会対策白書，日経印刷，2018，p.6

という今後10年間に取り組むべき基本的方向と重点施策を定めた計画を策定した。エンゼルプランでは3つの基本的な視点と5つの基本的方向および7つの重点施策が示された(表1-1)。

表1-1　エンゼルプランの3つの視点と5つの基本的方向，7つの重点施策

エンゼルプランの3つの視点
1. 子どもを生むか生まないかは個人の選択に委ねられるべき事柄であるが，「子どもを持ちたい人が持てない状況」を解消し，安心して子どもを生み育てることができるような環境を整えること。
2. 今後とも家庭における子育てが基本であるが，家庭における子育てを支えるため，国，地方公共団体，地域，企業，学校，社会教育施設，児童福祉施設，医療機関などあらゆる社会の構成メンバーが協力していくシステムを構築すること。
3. 子育て支援のための施策については，子どもの利益が最大限尊重されるよう配慮すること。

5つの基本的方向
・子育てと仕事の両立支援の推進
・家庭における子育て支援
・子育てのための住宅及び生活環境の整備
・ゆとりある教育の実現と健全育成の推進
・子育てコストの削減

7つの重点施策
・仕事と育児との両立のための雇用環境の整備
・多様な保育サービスの充実
・安心して子どもを生み育てることができる母子保健医療体制の充実
・住宅及び生活環境の整備
・ゆとりある学校教育の推進と学校外活動・家庭教育の充実
・子育てに伴う経済的負担の軽減
・子育て支援のための基盤整備

(筆者作成)

　エンゼルプランの具体化の一環として，「当面の緊急保育対策等を推進するための基本的考え方」(緊急保育対策等5か年事業)が策定された。これは，エンゼルプランのうち，保育対策等について，緊急に整備することを求められている多様な保育サービスについて目標値を設定し，1995(平成7)～1999(平成11)年度という5年間で計画的に推進することを目的としたものであった。その実績値は表1-2のとおりである。

(2) 新エンゼルプランの策定

　1999(平成11)年，少子化対策推進関係閣僚会議において，「少子化対策推進基本方針」が決定された。この方針に基づく重点施策の具体的実施計画として，当時の大蔵・文部・厚生・労働・建設・自治の6大臣合意による「重点的に推進すべき少子化対策の具体的実施計画について」(通称：新エンゼルプラン)が策定された。この新エンゼルプランは，従来のエンゼルプランと緊急保育対策等5か年事業を見直し，2000(平成12)～2004(平成16)年度までの5か

表1-2 緊急保育対策等5か年事業の実績

各項目	A 計画開始前 1994年度実績	B 計画最終年 1999年度実績	C 計画された 1999年度目標	D 達成率 B÷C	E 増加実績 増か所数 増率/倍率
低年齢児受入枠 　0～2歳の保育所における受入枠	45.1万人	56.4万人	60万人	94%	11.3万人増 25%増
延長保育 　通常の11時間を超える保育	1,649ヶ所	5,125ヶ所	7,000ヶ所	73%	3,476ヶ所増 3.1倍
乳幼児健康支援一時預かり 　病気回復期の乳幼児の一時預かり	7ヶ所	110ヶ所	500ヶ所	22%	103ヶ所増 15.7倍
放課後児童健全育成事業 　共働き家庭等の小学校低学年児童の放課後対策	5,313ヶ所	8,392ヶ所	9,000ヶ所	93%	3,079ヶ所増 58%増
地域子育て支援センター 　育児相談や育児サークル支援等のセンター	118ヶ所	997ヶ所	3,000ヶ所	33%	879ヶ所増 8.4倍
一時保育 　育児疲れ解消，パート就労対応等の一時預かり	387ヶ所	685ヶ所	3,000ヶ所	23%	298ヶ所増 77%増
多機能保育所の整備 　多様なサービスを提供できる保育所の整備	―	5か年累計 1,391ヶ所	5か年累計 1,500ヶ所	93%	―

出典）厚生省児童家庭局トピックス「緊急保育対策等5か年事業の実績」（2000年8月7日掲載）を一部改変
（厚生省トピックスホームページ https://www.mhlw.go.jp/www1/topics/）

年の計画であった。

　新エンゼルプランでは，表1-3の8つの施策目標が示され，そのうち，厚生省が主として関わる「保育サービス等子育て支援サービスの充実」と「母子保健医療体制の整備」の数値目標とその実績は，表1-4のとおりである。

　2001（平成13）年には「仕事と子育ての両立支援策の方針について」が閣議決定された。その中の「待機児童ゼロ作戦」では，基本方針として「待機児童の解消をめざし，潜在的な需要を含め，達成数値目標及び期限を定めて実現を図る。特に，待機児童の多い地域の保育施設を重点整備する」「保育の拡充は公立及び社会福祉法人立を基盤としつつ，さらに，民間活力を導入し公設民営型など多様化を図る。また，自治体等の適正な基準を満たした施設の設置は迅速に行う」「学校の空き教室など利用可能な公共施設は保育のために弾力的に活用する。また，駅など便利な拠点施設を保育に活用するための支援や助成を行う」という3つが掲げられた。

表1-3 新エンゼルプラン8つの施策目標

・保育サービス等子育て支援サービスの充実
・仕事と子育ての両立のための雇用環境の整備
・働き方についての固定的な性別役割分業や職場優先の企業風土の是正
・母子保健医療体制の整備
・地域で子どもを育てる教育環境の整備
・子どもたちがのびのび育つ教育環境の実現
・教育に伴う経済的負担の軽減
・住まいづくりやまちづくりによる子育ての支援

(筆者作成)

表1-4 新エンゼルプランの実績値・目標値（厚生省関係部分）

事 項	平成11年度実績値	平成16年度目標値
1．保育サービス等子育て支援サービスの充実		
（1）低年齢児の受入れ枠の拡大	58万人	68万人
（2）多様な需要に応える保育サービスの推進		
・延長保育の推進	7,000ヶ所	10,000ヶ所
・休日保育の推進	100ヶ所	300ヶ所
・乳幼児健康支援一時預かりの推進	450ヶ所	500市町村
・多機能保育所等の整備	7～11年度の5か年で1,600ヶ所	16年度までに2,000ヶ所
（3）在宅児も含めた子育て支援の推進		
・地域子育て支援センターの整備	1,500ヶ所	3,000ヶ所
・一時保育の推進	1,500ヶ所	3,000ヶ所
・放課後児童クラブの推進	9,000ヶ所	11,500ヶ所
2．母子保健医療体制の整備	平成11年度	平成16年度
・国立成育医療センター（仮称）の整備等		13年度開設
・周産期医療ネットワークの整備	10都道府県	47都道府県
・小児救急医療支援の推進	118地区	13年度までに360地区（2次医療圏）
・不妊専門相談センターの整備	24ヶ所	47ヶ所

出典）厚生省：新エンゼルプランについて，1999
（厚生労働省ホームページ：https://www.mhlw.go.jp/www1/topics/syousika/tp0816-3_18.html）

具体的目標・施策として，待機児童の多い地域を中心に，2004（平成14）年度中に5万人，さらに2006（平成16）年度までに10万人，計15万人の受け入れ児童数の増大を図ることなどが掲げられた。

2. 少子化対策から子ども・子育て支援へ
－少子化対策プラスワンから子ども・子育て応援プランまで－

(1) 少子化対策プラスワン

　新エンゼルプランなどでは，子育ての負担を軽減し，子どもを産みたい人が産めるようにするための環境整備に力点を置いて，少子化対策を実施してきたが，少子化傾向に歯止めをかけることはできなかった。それは，少子化の主たる要因であった晩婚化に加え，「夫婦の出生力そのものの低下」という新しい現象がみられたからであった。

　少子化は今後一層進展すると予測される中，少子化の流れを変えるためには，従来の取り組みに加え，もう一段の少子化対策を講じていく必要があるとされ，少子化対策プラスワンが2002（平成14）年に厚生労働省より打ち出された。少子化対策プラスワンでは，「子育てと仕事の両立支援」が中心であった従前の対策に加え，「男性を含めた働き方の見直し」「地域における子育て支援」「社会保障における次世代支援」「子どもの社会性の向上や自立の促進」といった4つの柱に沿った対策を総合的かつ計画的に推進することとされた。育児休業取得率を男性10％・女性80％に，子どもの看護休暇制度普及率を25％に，小学校就学始期までの勤務時間短縮等の措置普及率を25％といった具体的な数値目標も設定された。また，「少子化社会への対応を進める際の留意点」として，「子どもの数だけを問題にするのではなく，子どもが心身ともに健やかに育つための支援という観点で取り組むこと」「子どもを産むか産まないかは個人の選択にゆだねるべきことであり，子どもを持つ意志のない人，子どもを産みたくても産めない人を心理的に追い詰めることになってはならないこと」「多様な形態の家庭が存在していることや，結婚するしない，子どもを持つ持たないなどといった多様な生き方があり，これらを尊重すること」の3点があげられた。

(2) 次世代育成支援対策推進法と少子化社会対策基本法

　2003（平成15）年には，次世代育成支援対策推進法ならびに少子化社会対策基本法が制定された。次世代育成支援対策推進法は，「我が国における急速な少子化の進行等を踏まえ，次代の社会を担う子どもが健やかに生まれ，かつ，育成される環境の整備を図る」ことが目的として掲げられた。地方公共団体等や従業員が301人以上の事業主（一般事業主）に対し，育児休業や子どもの看護休暇等に関わる行動計画の策定を義務付けた。2008（平成20）年には法改正を行い，一般事業主行動計画の策定・公表の義務化を従業員101人以上の企業にも適用した。次世代育成支援対策推進法は，2005（平成17）年から2015（平成27）年までの10年間の時限立法であったが，2025年まで延長されている（図1-2）。

　一方で，少子化社会対策基本法は，少子化社会対策において講ぜられる施策の基本理念を明らかにし，少子化に対処するための施策を総合的に推進するための法律として成立した。この少子化社会対策基本法に基づいて設置された少子化社会対策会議は，2004（平成16）年に「少子化社会対策大綱」を策定した。同大綱では，少子化の流れを変えるための3つの視点と4つの重点課題が示された（図1-3）。

○次代の社会を担う子どもが健やかに生まれ，かつ，育成される社会の形成に資するため次世代育成支援対策を迅速かつ重点的に推進
○法の有効期限の10年間の延長，認定制度の充実等により，子どもが健やかに生まれ，育成される環境の更なる改善，充実を図る

10年間の延長

行動計画策定指針
○国において地方公共団体及び事業主が行動計画を策定する際の指針を策定。
(例) 一般事業主行動計画：計画に盛り込む内容として，育児休業や短時間勤務，男性の子育て目的の休暇の取得促進に関する取組，所定外労働の削減や年次有給休暇の取得に関する取組を記載

指針の内容を充実・強化

地方公共団体行動計画の策定
① 市町村行動計画
② 都道府県行動計画
→ 地域住民の意見の反映，労使の参画，計画の内容・実施状況の公表，定期的な評価・見直し等

一般事業主行動計画の策定・届出
① 一般事業主行動計画（企業等）
　・大企業（301人以上）：義務
　・中小企業（101人以上）：義務（23年4月～）
　・中小企業（100人以下）：努力義務
　<u>一定の基準を満たした企業を認定（くるみん認定）</u>
　さらに，認定企業のうちより高い水準の取組を行った企業を特例認定（プラチナくるみん認定）
② 特定事業主行動計画（国・地方公共団体等）

現行の認定制度の充実

新たな認定（特例認定）制度の創設　計画の策定・届出に代えた実績公表の枠組みの追加

施策・取組への協力等　　　策定支援等

次世代育成支援対策地域協議会
都道府県，市町村，事業主，労働者，社会福祉・教育関係者等が組織

次世代育成支援対策推進センター
事業主団体等による情報提供，相談等の実施

※ ：今回の改正法による改正内容，　：省令及び指針の見直しに係る内容

図1-2　次世代育成支援対策推進法の概要と2014（平成26）年改正のポイント
出典）厚生労働省編：平成28年版厚生労働白書，日経印刷，2016，p.267

3つの視点
Ⅰ　自立への希望と力
Ⅱ　不安と障壁の除去
Ⅲ　子育ての新たな支え合いと連帯—家族のきずなと地域のきずな—

↓

4つの重点課題
Ⅰ　若者の自立とたくましい子どもの育ち
Ⅱ　仕事と家庭の両立支援と働き方の見直し
Ⅲ　生命の大切さ，家庭の役割等についての理解
Ⅳ　子育ての新たな支え合いと連帯

図1-3　少子化社会対策大綱の3つの視点と4つの重点課題
出典）内閣府編：平成17年版少子化社会白書，ぎょうせい，2005，p.25

（3）子ども・子育て応援プラン

「少子化社会対策大綱」と同年（2004年），少子化社会対策会議は，「少子化社会対策大綱に基づく重点施策の具体的実施計画について」（子ども・子育て応援プラン）を決定した。子ども・子育て応援プランは，少子化社会対策大綱に掲げる4つの重点課題に沿って，2005（平成17）年度から2009（平成21）年度までの5年間に講ずる具体的な施策内容と目標を提示したものであった（表1-5）。

表1-5　子ども・子育て応援プランの概要

【4つの重点課題】	【平成21年度までの5年間に講ずる施策と目標（例）】	【目指すべき社会の姿〔概ね10年後を展望〕（例）】
若者の自立とたくましい子どもの育ち	○若年者試用（トライアル）雇用の積極的活用（常用雇用移行率80％を平成18年度までに達成） ○日本学生支援機構奨学金事業の充実（基準を満たす希望者全員の貸与に向け努力） ○学校における体験活動の充実（全国の小・中・高等学校において一定期間のまとまった体験活動の実施）	○若者が意欲を持って就業し経済的にも自立［フリーター約200万人，若年失業者・無業者約100万人それぞれについて低下を示すような状況を目指す］ ○教育を受ける意欲と能力のある者が経済的理由で修学を断念することのないようにする ○各種体験活動機会が充実し，多くの子どもが様々な体験を持つことができる
仕事と家庭の両立支援と働き方の見直し	○企業の行動計画の策定・実施の支援と好事例の普及（次世代法認定企業数を計画策定企業の20％以上，ファミリーフレンドリー表彰企業数を累計700企業） ○個々人の生活等に配慮した労働時間の設定改善に向けた労使の自主的取組の推進，長時間にわたる時間外労働の是正（長時間にわたる時間外労働を行っている者を1割以上減少）	○希望する者すべてが安心して育児休業等を取得［育児休業取得率 男性10％，女性80％，小学校修学始期までの勤務時間短縮等の措置の普及率25％］ ○男性も家庭でしっかりと子どもに向き合う時間が持てる［育児期の男性の育児等の時間が他の先進国並みに］ ○働き方を見直し，多様な人材の効果的な育成活用により，労働生産性が上昇し，育児期にある男女の長時間労働が是正
生命の大切さ，家庭の役割等についての理解	○保育所，児童館，保健センター等において中・高校生が乳幼児とふれあう機会を提供（すべての施設で受入を推進） ○全国の中・高等学校において，子育て理解教育を推進	○多くの若者が子育てに肯定的な（「子どもはかわいい」，「子育てで自分も成長」）イメージを持てる
子育ての新たな支え合いと連帯	○地域の子育て支援の拠点づくり（つどいの広場事業，地域子育て支援センター合わせて全国6,000か所での実施） ○待機児童ゼロ作戦のさらなる展開（待機児童の多い市町村を中心に保育所受入児童数を215万人に拡大） ○児童虐待防止ネットワークの設置（全市町村） ○小児救急医療体制の推進（小児救急医療圏404地区をすべてカバー） ○子育てバリアフリーの推進（建築物，公共交通機関及び公共施設等の段差解消，バリアフリーマップの作成）	○全国どこでも歩いていける場所で気兼ねなく親子で集まって相談や交流ができる（子育て拠点施設がすべての中学校区に1か所以上ある） ○全国どこでも保育サービスが利用できる［待機児童が50人以上いる市町村をなくす］ ○児童虐待で子どもが命を落とすことがない社会をつくる［児童虐待死の撲滅を目指す］ ○全国どこでも子どもが病気の際に適切に対応できるようになる ○妊産婦や乳幼児連れの人が安心して外出できる［不安なく外出できると感じる人の割合の増加］

出典）厚生労働省ホームページ「子ども・子育て応援プラン」の概要
（https://www.mhlw.go.jp/bunya/kodomo/ouenplan-gaiyou.html）

（4）子ども・子育てビジョン

2010（平成22）年に閣議決定された子ども・子育てビジョンは，「子どもが主人公（チルドレン・ファースト）」という考え方のもと，「少子化対策」から「子ども・子育て支援」へと視点を移し，子育てをする親や子どもたちなどの当事者の目線で，子ども・若者の育ち，そして子

育てを支援することを第一に考えられた（図1-4）。2010（平成22）年度から5年間を目途とした数値目標が掲げられた。子ども・子育てビジョンは，子ども・子育て応援プランの後継計画であり，2015（平成27）年まで実施された。

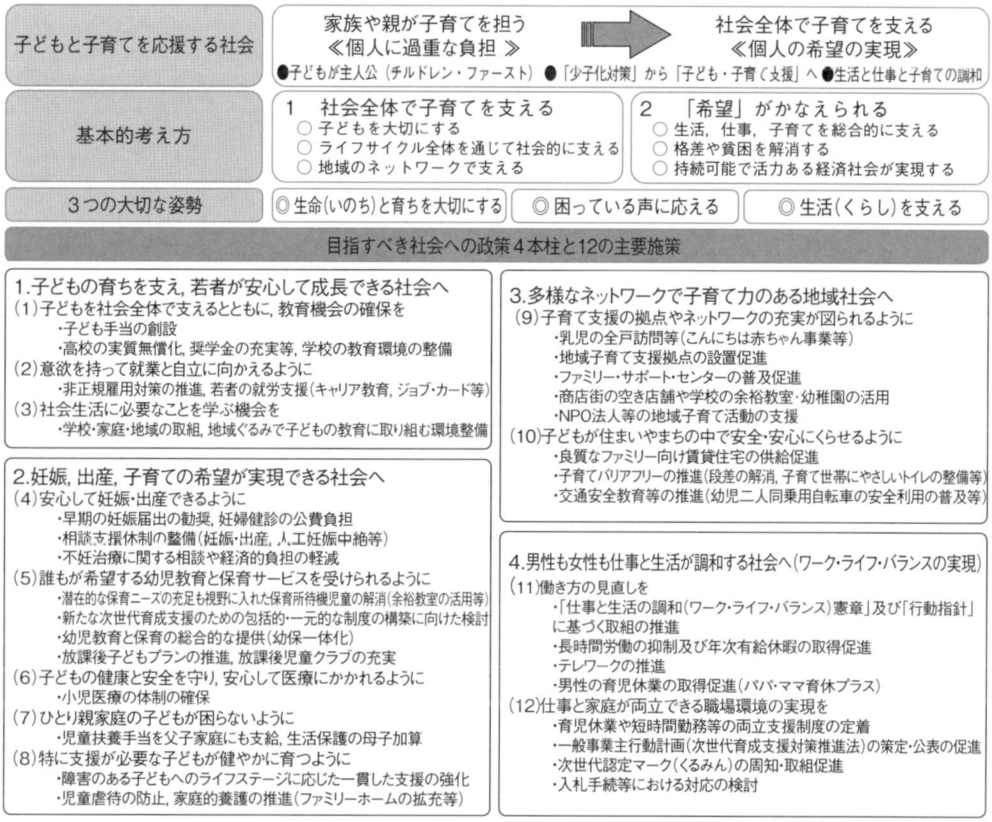

図1-4　子ども・子育てビジョンの概要
出典）内閣府編：平成22年版子ども・子育て白書，佐伯出版，2010，p.21

3. 子ども・子育て支援新制度

　2015（平成27）年4月から子ども・子育て関連3法（「子ども・子育て支援法」，「就学前の子どもに関する教育・保育等の総合的な提供に関する法律（認定こども園法）の一部を改正する法律」，「子ども・子育て支援法及び就学前の子どもに関する教育，保育等の総合的な提供の推進に関する法律の一部を改正する法律の施行に伴う関係法律の整備等に関する法律」）が施行され，本格的に子ども・子育て支援新制度が実施されることとなった。子ども・子育て支援新制度は，子ども・子育て支援関連の制度・財源・給付を一元化し，制度の実施主体を市町村とし，国や都道府県等が制度の実施を重層的に支えるシステムとして構築された。

　新制度のポイントは3つある。すなわち，①認定こども園，幼稚園，保育所を通じた共通の給付である「施設型給付」および小規模保育等への給付である「地域型保育」の創設，②地域

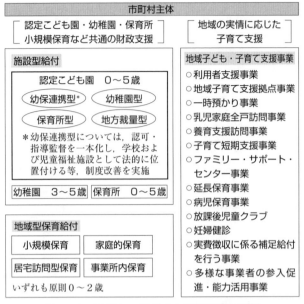

図1-5 子ども・子育て支援新制度の概要
出典）内閣府編：平成27年版少子化社会対策白書，日経印刷，2015，p.52を参考に作成

の子ども・子育て支援の充実（利用者支援，地域子育て支援拠点など），③認定こども園制度の改善である。③認定こども園制度の改善に関しては，4種類ある認定こども園の1つである「幼保連携型認定こども園」について二重行政を解消するため，認可や指導監督等を一本化することなどとされた。また，財政措置についても，「幼保連携型」以外の「幼稚園型」「保育所型」「地方裁量型」を含む4類型すべてが「施設型給付」の対象となった（図1-5）。

子ども・子育て支援新制度を含む2017（平成29）年度までの少子化対策・子育て支援の全体の流れを内閣府が図1-6のようにまとめている。

本章を振り返っても，あるいは，手短かに図1-6を見てもわかるように，施策は非常に短いスパンで打ち出されている。このことに関して「毎年のように推進会議がもたれ，少子化の原因究明，支援策案などを行ってきました。今後は（中略）財源を確保し，永続的な仕組みとして制度設計ができるよう政府の決意，国民の合意が求められています」[1]と指摘されている。その他，子育て支援サービスが拡充したことにより，それを支える担い手の役割は，子育て支援サービスの質の確保という観点からも，今後ますます重要となっていくと思われる。

【引用文献】
1) 大豆生田啓友・太田光洋・森上史朗編：よくわかる子育て支援・家庭支援論，ミネルヴァ書房，2014，p.37

【参考文献】
内閣府編：少子化社会対策白書，各年版（平成17年～平成30年）

3. 子ども・子育て支援新制度　*11*

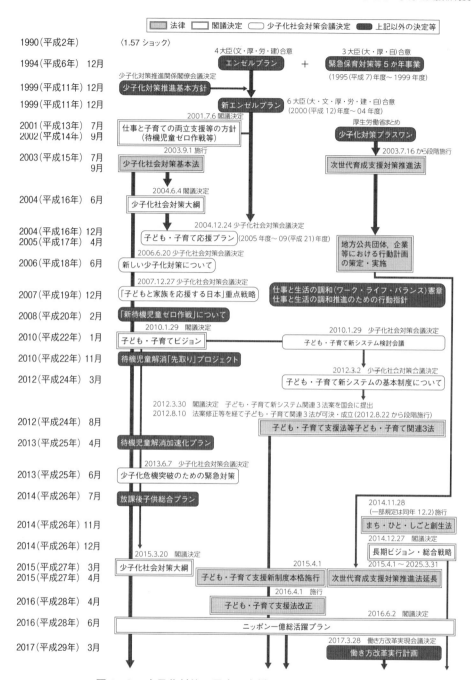

図1-6　少子化対策・子育て支援のこれまでの取り組み
出典）内閣府編：平成29年版少子化社会対策白書，日経印刷，2017，p.25

第2章 保護者支援としての相談援助

　子育て中の保護者は，さまざまな問題に直面する可能性がある。何も問題を（可能性も含めて）抱えていなければ，支援は必要とされない。以下，子育て家庭を取り巻く現状を踏まえた上で，子育て中の保護者が抱える主な問題についてみていきたい。その後，子育て中の保護者が抱える問題には，相談援助が必要とされることについてみていく。

1. 子育て家庭を取り巻く現状

(1) 少子化

　少子化については，前章においてもみてきた。厚生労働省「人口動態統計」によれば，合計特殊出生率は，第二次ベビーブームの1973（昭和48）年には2.14であったが，1989（平成元）年には戦後最低の1.57となり，「1.57ショック」といわれた。しかし，その後も合計特殊出生率は低下し続け，2005（平成17）年には過去最低の1.26となった。それ以降，2016（平成28）年に1.44と若干の回復傾向にある。

　年間出生数は，1973（昭和48）年の約209万人から，ほぼ一貫して減少を続け，2016（平成28）年には約98万人となった。

(2) 子どものいる核家族世帯数の割合の増加

　図2-1からわかるように，「児童のいる世帯に占める核家族世帯」は1992（平成4）年に69.1％であったが，2017（平成29）年には82.7％に増加している。一方，「児童のいる世帯に占める三世代世帯」は1992年には27.2％だったのに対して，2017年には14.2％に減少している。三世代の子育て機能が低下し，反対に子育てにおける父母の負担は大きくなったと考えられる。

(3) ひとり親世帯数の増加

　図2-2にもあるように，離婚件数の増加などに伴い，ひとり親世帯（母子世帯・父子世帯）が，1995（平成7）年の約62万世帯から2005（平成17）年の約84万世帯へと，10年間で4割近く増加していた。しかし，その後は約84万世帯で推移している。

図2-1　子どものいる核家族世帯数の割合の増加

資料出所）厚生労働省：国民生活基礎調査

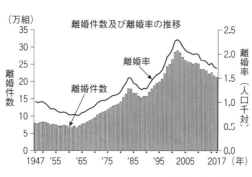
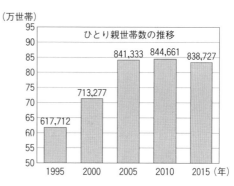

図2-2　ひとり親世帯数の増加

資料出所）厚生労働省：人口動態統計（左図），総務省統計局：国勢調査（右図）

　ひとり親世帯は，往々にして経済的に厳しい立場にある傾向にある。厚生労働省「平成28年度全国ひとり親世帯等調査の結果」をみてみよう。2015（平成27）年の母子世帯の平均年間収入（同居親族を含む世帯全員の収入）は348万円となっている。厚生労働省「国民生活基礎調査」による児童のいる世帯の平均所得を100として比較すると，49.2となっている。

　2015年の父子世帯の平均年間収入（同居親族を含む世帯全員の収入）は573万円となっている。同じく「国民生活基礎調査」による児童のいる世帯の平均所得を100とすると81.0である。父子世帯は，母子世帯と比較すると経済的に問題ないように思われるが，父子世帯の父親は，子育てとの両立の難しさゆえ非正規雇用を選択するケースも多々あり，「平成28年度全国ひとり親世帯等調査の結果」によれば，3～4人に1人が非正規雇用であり，ゆとりがあるとは言いがたい状況である。

（4）共働き世帯数の増加

　図2-3からわかるように，共働き世帯数は年々増加し，1997（平成9）年以降は共働き世帯数が専業主婦世帯数（男性雇用者と無業の妻から成る世帯数）を上回っている。2017（平成29）年には，共働き世帯が約1,180万世帯，専業主婦世帯が約640万世帯となっている。

　共働き世帯数の増加の背景には，女性の社会進出がある。図2-4をみれば，女性の生産年齢人口（15～64歳）の就業率の上昇が著しいことが読み取れる。

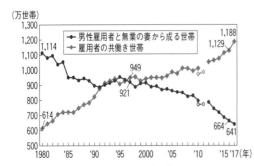
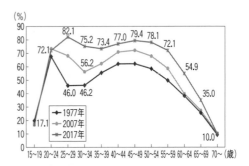

（備考）1．1980年から2001年までは総務庁「労働力調査特別調査」（各年2月。ただし、1980年から82年は各年3月）、2002年以降は総務省「労働力調査（詳細集計）」より作成。「労働力調査特別調査」と「労働力調査（詳細集計）」とでは、調査方法、調査月等が相違することから、時系列比較には注意を要する。
2．「男性雇用者と無業の妻から成る世帯」とは、夫が非農林業雇用者で、妻が非就業者（非労働力人口及び完全失業者）の世帯。
3．「雇用者の共働き世帯」とは、夫婦共に非農林業雇用者（非正規の職員・従業員を含む。）の世帯。
4．2010年及び11年の値（白抜き表示）は、岩手県、宮城県及び福島県を除く全国の結果。

図2-3　共働き等世帯数の推移

出典）内閣府：平成30年版　男女共同参画白書，勝美印刷，2018，p.117

（備考）1．総務省「労働力調査（基本集計）」より作成。
2．労働力率は、「労働力人口（就業者＋完全失業者）」／「15歳以上人口」×100。

図2-4　女性の年齢階級別労働力率の推移

出典）内閣府：平成30年版　男女共同参画白書，勝美印刷，2018，p.108

（5）近隣関係の希薄化

　図2-5からわかるように、近所付き合いの程度については、1975（昭和50）年から2004（平成16）年までの間、町村と大都市および自営業者と雇用者のいずれをみても低下しており、特に1997（平成9）年から2004（平成16）年にかけて大きく減少している。一般に近所付き合いの程度が大きいと思われる町村や自営業者までも低下している。

（6）子育て費用

　内閣府「平成21年度インターネットによる子育て費用に関する調査」によれば、第1子一人当たりの年間子育て費用額は、図2-6のとおり、未就学児の一人当たり年間子育て費用総額は約104万円となっている。未就学児のうち、未就園児では一人当たり約84万円である。保育所・幼稚園児では約37万円多くなり、一人当たり約121万円となっている。小学生は一人当たり約115万円となって、保育所・幼稚園児より少なくなるが、中学生では約40万円多くなり一人当たり約155万円であって、未就学児の約1.5倍となっている。

1. 子育て家庭を取り巻く現状　15

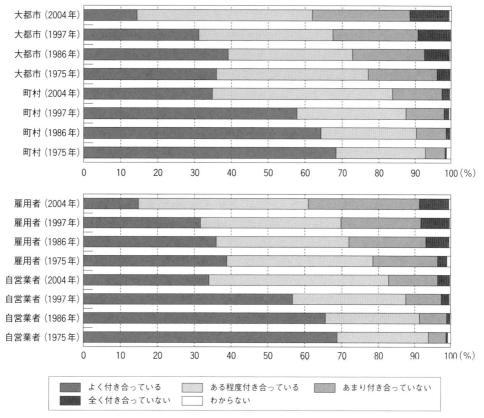

資料：内閣府「社会意識に関する世論調査」から厚生労働省政策統括官付政策評価官室にて作成
(注1) 1986年の「大都市」は「11大市」、1975年の「大都市」は「10大市」。
(注2) 1997年以前の回答の選択肢は、左から「親しく付き合っている」「付き合いはしているがあまり親しくはない」「あまり付き合っていない」「全く付き合っていない」「わからない」となっている。

図2-5　近所付き合いの程度の変遷（大都市と町村および自営業者・雇用者）
出典）厚生労働省：平成18年厚生労働白書，ぎょうせい，2006，p.33

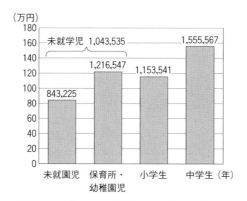

図2-6　第1子の就学区分別にみた第1子一人当たりの年間子育て費用総額（対象者全体平均）
出典）内閣府：平成21年度インターネットによる子育て費用に関する調査報告書，2010，p.42

2. 子育て家庭の抱える問題

(1) 子育ての負担感や不安

　2015(平成27)年3月に厚生労働省により実施された「人口減少社会に関する意識調査」によれば，回答者(0～15歳の子どもが1人以上いる人)に対して，子育てをしていて負担・不安に思うことがあるかを質問したところ，「どちらかといえばある」が43.6％と最も多く，次いで「とてもある」が28.8％となり，あわせて約7割が子育てに対して負担・不安に思っていることが明らかになった(図2-7)。

　ただ子育ての負担感や不安は，子育て中の保護者ならば誰でも経験する可能性があるものであり，それ自体のみで問題であるとはいえない。問題となるのは，子育て不安などのネガティブな感情が過度に高まることである。保護者のメンタルヘルスのみならず，子どもの発達にもネガティブな影響がもたらす可能性があり，問題であるといえる。

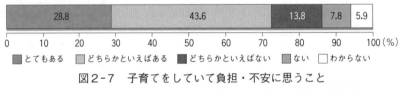

図2-7　子育てをしていて負担・不安に思うこと
出典）厚生労働省「人口減少社会に関する意識調査」，2015

(2) 子育て中の孤立感

　子育て不安の背景として，子育て中の孤立感が要因としてあげられる。図2-8からわかるように，「社会全体が妊娠や子育てに無関心・冷たい」，「困った時に子どもを預けられる人がいない」と約4割の人が感じており，4人に1人は「子育ての悩みを相談できる人がいない」と回答している。

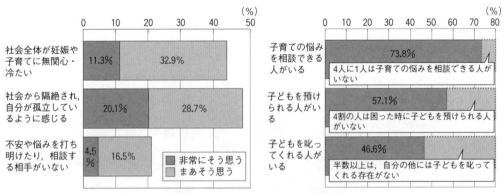

図2-8　子育ての孤立化と負担感の増加

資料出所)
左図：子ども未来財団「子育て中の母親の外出時等に関するアンケート調査結果」2004
右図：UFJ総合研究所「子育て支援策等に関する調査研究」2003
　　　　　　　出典）厚生労働省社会保障審議会少子化対策特別部会：第28回配布資料，2009

(3) 子どもの貧困

内閣府『平成26年版子ども・若者白書』によれば、子どもの相対的貧困率*は1990年代以降おおむね上昇傾向にあり、2009（平成21）年には15.7％となっている（図2-9）。子どもがいる現役世帯の相対的貧困率は14.6％である。そのうち、大人が1人の世帯の相対的貧困率が50.8％と、非常に高い水準になっている。

OECD（経済協力開発機構）によると、日本における子どもの相対的貧困率はOECD平均を上回っていて、OECD加盟国34か国中10番目に高い（図2-10）。子どもがいる現役世帯のうち大人が1人世帯の相対的貧困率はOECD加盟国中最も高い。ひとり親世帯など大人1人で子どもを養育している世帯が特に経済的に困窮している実態がみてとれる。

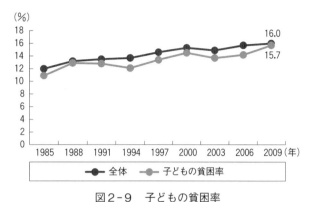

図2-9　子どもの貧困率

出典）内閣府：平成26年版子ども・若者白書, 日経印刷, 2014, p.30

* 子どもの相対的貧困率：所得中央値の一定割合（50％が一般的。いわゆる「貧困線」）を下回る所得しか得ていない者の割合。

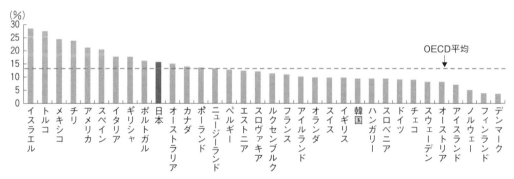

図2-10　相対的貧困率の国際比較（2010年）

出典）内閣府：平成26年版子ども・若者白書, 日経印刷, 2014, p.30

(4) 子ども虐待

子ども虐待の相談対応件数が年々増加している。全国の児童相談所が2017（平成29）年度に集計した虐待相談の対応件数は約13万件であった。子ども虐待の相談対応件数の集計を開始した1990（平成2）年度から27年連続で増加し、過去最多を更新した。

子どもの虐待のリスク要因として、厚生労働省『子ども虐待対応の手引』(2013)では次のことがあげられている（ただ、仮にリスク要因を多く有するからといって、直ちに虐待が発生するものではない）。

保護者側のリスク要因としては、「マタニティブルーズや産後うつ等精神的に不安定な状況」「育児に対する不安、育児の知識や技術の不足」などがあげられている。先にみたように、子

育て不安が過度に高まると，子ども虐待のリスク要因となり，子どもにネガティブな影響をもたらす可能性がある。

一方，子ども側のリスク要因として，「乳児期の子ども，未熟児，障がい児，何らかの育てにくさを持っている子ども」があげられている。虐待までにはならなくても，障がいのある子どもや，何らかの育てにくさを持っている子どもを育てる保護者は，大きな悩みを抱える可能性がある。それは周囲から偏見の目で見られることがあったり，「この子を私が絶対に支えなければならない」といった過度な責任を自ら背負い込んだりすることもある。その他，今後の療育方法や，不透明な将来への見通しなどをいろいろと考えて悩んでしまう保護者も多い。

養育環境のリスク要因としては，「親族や地域社会から孤立した家庭，生計者の失業や転職の繰り返し等で経済不安のある家庭」などがあげられている。本章第1節の「子育て家庭を取り巻く現状」などにおいてみてきたように，現在の日本では，孤立した家庭や経済不安のある家庭になってしまう可能性のある環境であるといえる。

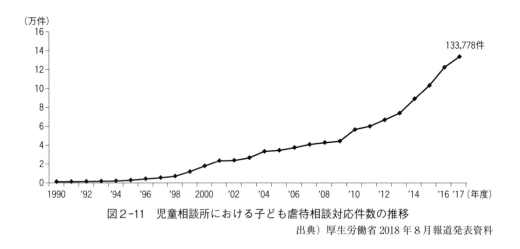

図2-11　児童相談所における子ども虐待相談対応件数の推移

出典）厚生労働省2018年8月報道発表資料

3. 子育て支援に関わる社会資源

子育て中の保護者が抱える問題についてみてきたが，それらに対して，さまざまな社会資源（生活上のニーズを充足するさまざまな物資や人材，制度などの総称）がある。子育て支援に関わる主な社会資源については，図2-12のとおりである。

これらの社会資源に関する周知度は，総じて高いといえる（もちろん，周知度が低い社会資源もある）。例えば，図2-13の大分県のデータをみてもらいたい。

しかしながら，これらの社会資源があって，なおかつ，それら社会資源に関する周知度が高くても，必要な人が利用できなければ，意味がない。

このような点においても，子育て中に問題を抱えている保護者には，相談援助が重要になってくる。

3. 子育て支援に関わる社会資源　19

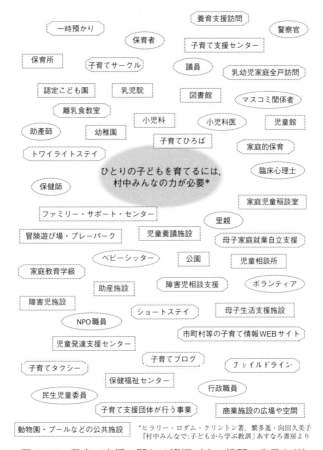

図2-12　子育て支援に関わる資源（人，機関，事業など）
出典）高山静子：子育て支援の環境づくり，エイデル研究所，2018，p.13

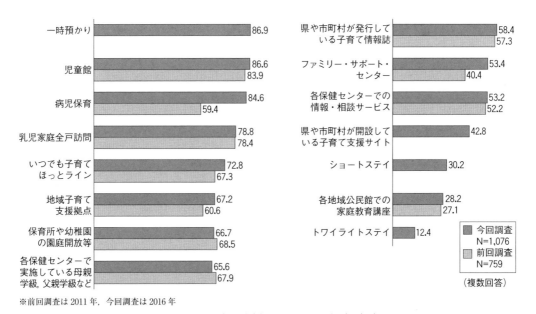

※前回調査は2011年，今回調査は2016年

図2-13　子育て支援サービスの周知度（％）
出典）大分県福祉保健部こども子育て支援課：平成27年度子ども・子育て県民意識調査報告書，2016，p.25

4. 保護者支援に必要な相談援助

　相談援助とは，面接などを通して「社会生活上の困難を抱える人々に関わり，必要な制度やサービスの利用に結び付けたり，さらには家族や集団，地域などその人を取り巻く環境に働きかけながらその生活を支援する」[1]活動であるといえる。

　相談援助は，社会福祉領域の援助活動のひとつである。社会福祉の目的は，簡潔に言えば，例えば年齢を重ねて認知症になって自分で金銭管理ができなくなった人や，実親から虐待を受けている子どもなど，さまざまな生活問題を抱えながら生活をしている人たちが「自分が送りたいと思う生活を実現できるように支援する」ことにある。

　この目的を達成するために，生活保護制度，特別養護老人ホーム，児童養護施設や乳児院，保育所などといったさまざまな社会資源が生み出されてきた。しかし，そのような社会資源が単にさまざまな種類あればよいということではない。生活問題を抱えた人にとって，自分に必要な社会資源が既に存在していることをそもそも知らない場合や，どこに行けば社会資源を利用できるかがわからない場合，障がいがあるために社会資源を利用する手続きをとれない場合などがある。他に，例えば立派な施設ができてもそこでのサービスが悪かったり，そもそも施設には入るつもりはなかったのにそこでの生活を強制されたりする場合もある。

　社会資源は，本当に必要としている人のところに必要としているかたちでつながって，はじめて意味を持つのである。相談援助は，社会資源と，それを本当に必要とする人とを取り結び，問題解決を図ろうとする側面を持つ活動である。相談援助では他に，必要な社会資源が存在しなかったり不十分である場合，行政や地域住民などに，新たな社会資源を生み出すよう働きかけたり不十分な社会資源が改善されるよう働きかける側面もある。

　子育ての中でさまざまな問題を抱えている保護者に対しても，単にさまざまな種類の子育て支援サービスが揃っていればすべて問題が解決するというわけではなく，個々のケースに応じて，必要とされる社会資源につないだり，不十分な社会資源であれば改善の働きかけをするといった，まさに相談援助がないと問題の解決には，なかなか至らないのである。

　本章では，社会資源という視点から相談援助の必要性について述べてきたが，より詳細な相談援助の説明や具体的な事例については，次章以降で行う。

【引用文献】
1）山縣文治・岡田忠克編：よくわかる社会福祉　第11版，ミネルヴァ書房，2016，p.80

【参考文献】
岩間文雄：とてもわかりやすい社会福祉の本－目指す人へのメッセージ，ふくろう出版，2005
住田正樹編：子どもと家族　子ども社会シリーズ1，学文社，2010

第3章 子育て支援としての相談援助の基礎

1. 子育ての主体とは

　ひとくちに「子育て」といっても，それが意味する内容は多様である。そこで少し視点を変えてみよう。子育ての主体はいったいどのような存在なのであろうか。まず思い浮かべるのは，親の存在である。日本では，「イクメン」（育児に積極的に取り組む男性，第Ⅲ部5参照）などの言葉が徐々に認知され，少しずつ制度の整備が進んでいるものの，「三歳児神話」といった言葉とともに，「子育ては母親のものである」という認識がいまだ根強い。

　しかし，そもそも「育つ」主体は誰なのであろうか。その答えはいうまでもなく，子ども自身，子どもそのものである。育つ主体そのものを抜きにして「育て」を考えることはできない。子どもの主体性をすべて奪った中でなされる子育てでは，子どもは親のいいなり・思うままの存在となってしまう。これを虐待（abuse）と呼んでも差し支えないと考える。子育ては，少なくとも子どもと親との関係の中で生じている。しかしながらここでさらなる疑問が生じる。子育ては，この親と子の関係を基本とする「家族」の中だけで完結するものか疑問が残る。

　ここで，「子育ての目的」がどのようなものであるかを考える必要がある。もし，子育てが家族の中で完結するのであれば，その目的は，「家族構成員の再生産」ということになる。しかし，子どもは家族のためだけに存在するのではない。子どもは地域や社会の中で生活を送るひとりの構成員としても存在している。また，家族のためだけに存在するのであれば，家族の構成員以外の誰とも関わりを持たないことになるため，その子どもは将来に新しい家族の構成員＝次世代の担い手を再生産することができなくなり，家族そのものが滅んでしまうことになる。現にその子どもの親世代も，互いに自らが生まれ育った家族の外から新たな構成員を迎えることによって家族を構成してきた。このように考えると，子育ての目的は家族内で完結するものではなく，地域や社会にも開かれたものであるといえる。

　したがって私たちは，子育ての主体としての地域や社会というものを想定しなくてはならない。子育ての目的のひとつが地域や社会に新しい構成員を送り出すことであるならば，その地域や社会もまた，その子育てに対し，主体として大きな責任を持たなければならない。同様に，子育て支援という活動も，地域や社会にいたるあらゆる広がりの中で取り組まれなければ

ならない。

　以上の認識を前提としたとき，例えば保育士をはじめとした支援者は，地域や社会の一員として，子育て支援に携わる人びとの最前線に位置付けられるといえよう。そのとき支援者にはさまざまな役割が求められる。まずは親（養育者）あるいは支援者自身に根強く残っている，親や家族だけで子育てを完結させようとする認識を改めていく役割である。そして親が，当たり前のこととして，近隣や地域，社会に支援を求めることができるようにする役割である。子どもとの日常的な関わりがどれほど多くても，子育て支援の責任を親や支援者らだけで負いすぎることのないように心がけなければならない。そのためには日常的に，地域や社会の中で支援を求めることができる相手を意識し，働きかけ，つながりを維持しておく必要がある。さらには地域や社会全体で子育てに取り組もうとする意識が希薄な場合には，人びとに対し，子育てに関する諸問題への自覚を促し（啓発活動），実際にその解決へ向けて取り組んでもらうことを通し，地域や社会が子育ての主体として成熟していくように働きかける役割も重要となる。

　以上のような役割の多くは，相談援助の実践の中で培われた考え方や知識，諸技法に関する学びを深めることにより，これまで以上に意識的に実践することが可能となる。そこで本章ではまず，相談援助実践の基本的な視点について説明する。

2．広がり＝仕組みとしてとらえる

　現在，相談援助実践で大切な視点のひとつは，生活上の諸問題を，さまざまな人や要素が絡まり合った「広がり＝仕組み」として把握するというものである。これまで日本の社会福祉では，高齢者なら高齢者，障がい者なら障がい者という形でそれぞれの分野ごとの制度やサービスが機能してきた。しかし現代の複雑化した社会においては，ひとつの家族において複数の生活上の問題が生起する場合がほとんどである。

　ここでは，次のような家族の事例から考えてみよう。

　この家族では，祖母が認知症のために介護が必要であり，主に母親がその義母への介護を担っている。父親は不景気により勤務先の業績が振るわず，毎日残業続きで帰宅が遅いため，母親の義母に対する介護の負担が次第に大きくなってきた。母親はストレスを発散するために夜間に飲酒するようになり，義母への介護が行き届かなくなってきた。酒を飲む母親とそれを責める父親の争いが絶えなくなり，その様子を見かねた息子は家に帰らなくなり，夜の街を出歩くうちに違法薬物に手を出してしまい逮捕された。知らせを受けた父親が「おまえの教育が間違っていた」と母親を非難したことから，夫婦間の争いはさらに激しいものになった——。

　この家族における，母親や父親，息子のそれぞれに生じている生活上の問題に対して，祖母が認知症であることがすべての原因であるといえるだろうか。逆の言い方をすれば，祖母が認知症でなければ，あるいは，祖母が老人ホーム等に入所していれば，この家族の生活上の諸問題はすべて解決していたのだろうか。例えば，息子が非行に走った原因を母親の飲酒とそれに伴う夫婦間の争いに求めたとしよう。では母親の飲酒の原因は何か。夫の協力を得られない中での義母への介護の負担があげられる。ではその介護負担の原因は何か。不景気のため父親の

会社の業績が不振であることや,「介護は女性の役割である」という父親あるいは従来からの社会の認識がある。このように元をたどれば,責任の一部を負っている父親(さらには不景気であるような社会)がその自覚のないままに,息子の非行に対して「家庭における子どものしつけは妻の役割である」という従来からの認識のもと,母親に責任を押しつけてしまっているのである。

　現代の人びとが抱える生活上の諸問題のほとんどは,ある構成員の生活上の問題が,別の構成員の生活上の問題の原因となったり結果になったりする,という形で相互につながり,影響を与え合う中で生じている。例えば親子間や夫婦間の「共依存」の問題などは,このような視点からとらえると理解しやすい[1]。加えて問題となるのは,それぞれの構成員はそのことを自覚していない場合が多いということである。「自分自身が原因である」という自覚を持ちながら,自分自身に,あるいは他者に生活上の諸問題を生起させている場合(例えば確信的な犯罪者)への対処は,原因が明確であるため,それほど困難ではない。いじめ問題における傍観者の存在がクローズアップされるようになって久しいが,多くの人びとが無自覚のまま,それぞれの構成員,そして自分自身の生活上の諸問題の原因となったり結果となっていたりするのであり,そのことが問題をより複雑にし,多くの支援困難な事例を生じさせている。

　したがって,子育て支援に取り組む者は,たとえその生活上の諸問題が極めて狭い範囲の中で生起しているような場合であっても,その背景に何が隠されているのか,その問題がどのような広がりや仕組みの中で位置付けられるのかを見極める必要がある。その際,具体的には第4章で述べる図像化の技術を用いたり,あるいは,図3-1のような「氷山モデル」の枠組みを用いることで,諸問題の理解を深めることが重要である。

　この氷山モデルの枠組みでは,①表面化している困りごと,②-a背後や近接関係にある社会問題,②-b排除を強化する価値観・思想の三層に分けつつ,生活上の問題を総合的に理解することを目指している。そのことで,①誰がどう困っているのかを多角的に考える視点,②

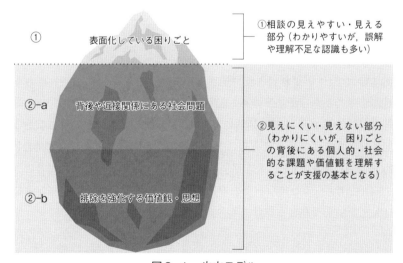

図3-1　氷山モデル
出典)社会的包摂サポートセンター:事例でみる生活困窮者,中央法規出版,2015,p.4

困りごとが生じたプロセスや背景を想像し，たしかめ，理解する視点，③排除構造を強化するマジョリティの価値観に気付くという3つの視点がもたらされる[2]。上記の家族の事例では，③排除構造を強化するマジョリティ＝社会の多数派の価値観として，主に父親によって示されていた「家庭における介護や子育ては妻の役割である」という認識が存在している。このような認識が社会で暮らす多くの人びとの中で共有されているものであれば，社会全体の認識を変えない限り，根本的な問題の解決にはならず，この家族以外にも似たような事例が多発するであろう。

　広がりや仕組みとして生活上の問題を把握するからには，その支援もまた，広がりや仕組みとして展開されなければならない。しかし，ひとりの人間にできることは限りがあり，社会全体への働きかけを一身に引き受けることはできない。そこで支援者もまた，さまざまなサービスや専門職，組織や団体等とつながりを持つことで，生活上の問題を生じさせている仕組みに対抗していく支援の仕組みを構築するのである。先の事例の家族に対しては，医師（母親がアルコール依存症の可能性がある）や福祉の相談員（祖母の介護サービス利用），保護司（息子の出所後の社会復帰），さらには家族の経済的なサポートの相談に乗る者など，さまざまな専門職やサービスとの連携が想定される。このように，広がりや仕組みとして生活上の問題を把握する視点は，私たちが支援の仕組みを構築する上で有効なものとなる。

3. 時間の流れをとらえる

　近年，日本各地でいわゆる「想定外」の自然災害が頻発し，行政の対応に批判の声が上がることが増えてきた。このとき，行政に対して寄せられる批判が，どのようなものであるのかを考えてみたい。地震や豪雨，台風に対し，「いま，ここで（now and here）」対応できなかったことが責められているのだろうか。もしそうであれば，私たちに行政を責める資格はない。なぜなら，地震や豪雨，台風等の自然災害に対し，「いま，ここで」無力であるのは私たちも同じだからだ。ここで責められているのは，かつて同様の自然災害が数多く発生しているにもかかわらず，その過去に学ぶことをしなかった，あるいは忘れてしまっていたことである。加えて，過去のある時点で，「いずれ大きな自然災害が発生するかもしれない」という未来への予測を怠り，対応してこなかったことである。

　つまり，過去（「これまで」）を振り返ったり，未来（「これから」）を想定しなかったことにより，すでに問題は存在していたと考えることも可能である。そしてこの潜在的な問題（自然災害に対する備えを怠ったことによる，対処能力の低さ）が，実際の自然災害を最後のきっかけ（トリガー）として顕在化することになったのである。仮にここで自然災害が起こらなければ，この問題は目に見えない形で存在し続け，年月を経ることでより深刻なものになっていたのではないか。

　以上のような経緯は，私たちが生活上の諸問題を認識する上でも同じである。それらは当事者にとって，ある日突然谷底へ突き落とされたように感じられるかもしれない。しかし，以前から何らかの問題状況は形づくられつつあったのだ。あるいは，すでに問題が生起しており，

それが意識されないまま，これまで隠され続けてきたのである。それが何らかの出来事をきっかけとして意識されるようになったのである。

　私たちは，問題状況に陥ったとき，「いま，ここで」のことだけに目を奪われがちになる。だがその問題を真の意味で理解しようとする場合には，過去を振り返り，このような問題状況に陥ったプロセスにも注目しなければならない。ここで，図3-2をもとに考えてみよう[3]。図3-2では，過去の出来事の積み重ね（プロセス）が次第に身動きのとれないくらいにまで問題状況を悪化させていくことを，階段をくだる様子にたとえて示している。どん底の状態になり，ようやく自らが問題状況にあると自覚したときには，目の前に大きな高い壁が立ちふさがっているというわけである。

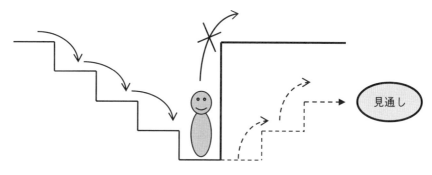

図3-2　階段のたとえの図
出典）赤木正典・平松正臣編著：福祉・栄養・看護のための社会福祉論　改訂版, 建帛社, 2018, p.166

　ところで，前節の「広がり＝仕組み」と同様，生活上の問題が，このような一定のプロセスを経て生起したものであると考えるのであれば，当然のことながら，その解決も一定のプロセスを経なければならない。これは，「これまで」＝過去のプロセスを見るだけではなく，「これから」＝未来のプロセスに注目することの重要性を示している。図3-2にしたがって説明するならば，「いま，ここで」自らが問題状況に置かれていることに気付いた人に対して，「これまで」を振り返り，その下降のプロセスを詳細に見ていくことと同じくらい，「これから」どのようにしていくのか，その上昇のプロセスを詳細に見ていくことが大切となる。以上のように「これまで」，「いま，ここで」，「これから」すなわち，過去－現在－未来を常にセットにして考えながら生活上の問題を把握することが重要である。

　「これから」＝未来については，「今後どういった生活を実現していきたいのか」について，できるだけ具体的な形で，明確なゴールを設定することが求められる。そして，生活上の問題が生じるプロセスとは逆の形で，ゴールに向けて，どのようなステップを踏んでいけばよいかを考えていく。これは図3-2では，ゴールに向けて上がっていく階段の一段一段にたとえられる。本人と相談しながら，まず取り組むことのできる活動を決め，実行していく。その後，何度も見直しを行いながら，着実にステップを上がっていく。

　支援者は，生活問題を抱える人に立ちふさがっている大きな高い壁を前にして，当事者がどのような階段を上がっていけばよいのかについての設計図を描き，実際に壁を削ってその階段

を作っていく役割を担う。場合によっては対象となる人とともに，その階段を登っていく存在となる。そのためには，利用者の生活問題に関して，過去－現在－未来という時間の流れを踏まえた視点が必須のものとなる。このような「時間の流れを全体としてとらえる視点」もまた，現在，援助実践で大切な視点のひとつである。

4．個別性の尊重：切り離して考える

　相談援助実践において「広がり」や「時間の流れ」という視点を用いることは，これまで一人ひとりの子どもや親に向き合い支援してきた専門職にとってみれば，異なる視点や発想をもたらすような，新鮮なものとして受け止められるかもしれない。しかしすべてをつなげて考える傾向が強すぎると，個人の意思や感情，受け止め方を無視し，支援する側の解釈に基づく「生活上の問題」のイメージを相手へ一方的に押しつけるようなことが生じる。

　例えば，ある親子の親が「私たち親子のことが他人にわかってたまるか」と支援者に告げてきたとしよう。このときこの親は，「私たち親子」という表現を用いることで，すでに自分自身と子どもをつなげて，ひとつの全体として考えている。さらにその親が，これまでの人生で多くのつらい体験をしてきたことを踏まえて，支援者にこの言葉を投げかけたとするのであれば，その親は自分自身が歩んできた数十年の人生のプロセスのどこかに，自分の子どもやその人生のプロセスを取り込み，同一視していると考えられる。つまり親は，自分と子どもの存在をつなげた上で，自らの過去－現在－未来という時間の流れをも，子どものそれと重ねてとらえてしまっている。しかし子どもは，親とは別の形で，自分の年齢に見合った人生のプロセスを独自に歩んでいる存在である。また，親とは逆に「他人にわかってほしい，自分のことを理解してもらいたい」と考えており，親と同じ考えを持っていると思われたくないと考えている場合もある。

　特に日本では，「子育ては親の役割」という旧来の認識がいまだ根強く残っているため，家族をひとまとめ＝ひとつのユニットとして考える傾向が強い。そのため支援者も広がりと時間の流れを意識するあまり，各人の思いや考えを見落としたり無視したりするおそれがある。

　例えば，ある家族にとって母親の妹の存在が，重要な役割を果たしていたとする。このとき，家族全体にとって母親の妹が持つ意味と，家族の成員それぞれにとって母親の妹が持つ意味は必ずしも一致しない。そこで，家族全体にとっての意味とともに，成員それぞれにとっての意味の両方に焦点を当てることで，多様な視点から家族と母親の妹との関係を読み解いた方が，より理解が深まる（図3-3）。また，広がりや仕組みという視点から生活上の問題を理解していくにあたり，図像化の技術（第4章2参照）が有用である。だが，ここで作成された図像が示しているものは，支援者の視点に基づいた，生活上の問題に関する広がりや仕組みに過ぎない。実際のところはその図像に登場している人物の数だけ，それぞれの視点から作られるマップが存在しているのであり，その可能性に思いを巡らせる必要がある。

　時間の流れについても同様である。例えば「いま，ここで」極度に混乱しており，冷静な状態ではないため，話し合うことさえ困難な利用者に対して，早速これまでの経緯やこれからの

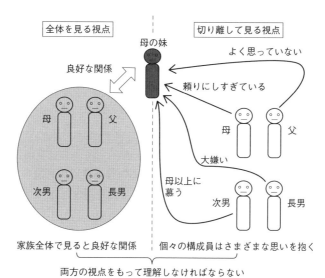

図3-3　全体を見る視点と切り離して見る視点

展望等について質問をはじめるといった対応は適切ではない。まずは利用者の「いま，ここで」の状況だけを切り離して扱い，本人の身の安全や精神的な落ち着きが十分に確保されたところで，「これまで」と「これから」に話を広げていくことになる。

　支援者は，L. マーゴリンの表現[4]を借りると「やさしさ」の名のもとで，利用者から信頼されていることを前提に，利用者の感じ方や考え，見え方が自分とは別のものである可能性に思いを巡らせながら確認することを怠り，それぞれの専門的な視点や枠組みだけで問題を解釈してしまうような危険性と常に隣り合わせである。私たちはその危険性を自覚しながら，その都度利用者自身や家族，他領域の専門職による見解に耳を傾ける姿勢を忘れないようにしたい。

　これを実現するにはまず，自らが所属している組織や，そこでの自分の役割などを常に吟味することが重要である。なぜならこの作業は，自らの限界を知るということにつながるからだ。自らの限界を知ることを通して，私たちは独りよがりになることなく，自分が理解できないことがらについて，謙虚な姿勢で当事者に直接たずねてみたり，あるいは，他の分野の専門職にアドバイスを求めたりすることが可能となる。

　社会学者のM. ウェーバーは，「価値自由」という学問的な態度を提唱した。これは，自らがどのような考え方の傾向にあるのか，どのような先入観や偏見を持っているのか等について，自らを見つめ，明確にすることにより，人はそれらの先入観に影響を受けない，自由な認識でものごとをとらえることができるというものである。つまり，私たちが自らと向き合うこと（これを「自己覚知」という）は，私たちを自らのとらわれから解放することになる。そして，自由な認識のもとで，他者の考えや思いを謙虚に受け容れることを可能にする。

　本章では，相談援助実践における，空間的・時間的にあらゆるものをつなげて考える視点の重要性を説いてきた。しかし，これを踏まえた上で，ここではあえて「切り離す」ことの大切さを強調した。「広がり」や「時間の流れ」というのは，それぞれの人間に固有のものとして存在している。しかし，「広がり」や「時間の流れ」を強調することはまた，それらの個別性

を無視し，支援者の主観で相手の生活上の諸問題を理解してしまうような危険性を生む。支援者としての視点から"独りよがり"になるのではなく，それぞれの人びとが感じている「広がり」や「時間の流れ」に謙虚に寄り添い，尊重することを忘れないようにしたい。そして，冒頭にも記したように，なるべく多くの専門職やサービスとつながり，多様な視点を確保しながら支援を進める姿勢を常に心がけたい。

引用・参考文献
1) 例えば，信田さよ子『共依存　苦しいけど，離れられない』，朝日文庫，2012 参照。信田によれば，共依存は，依存の名を借りた支配であるとされる。例えば，アルコール依存になった夫が妻に世話をやかせながら妻への依存を深め，妻は夫にケアを与えることで自分に依存する夫に依存する…等の事例を数多く紹介している。それぞれがそれぞれの行動の原因になりながら，まさに「離れられない」仕組みができあがっている。
2) 社会的包摂サポートセンター：事例でみる生活困窮者，中央法規出版，2015
3) 赤木正典・平松正臣編著：福祉・栄養・看護のための社会福祉論　改訂版，建帛社，2018
4) レスリー・マーゴリン（中河伸俊・上野加代子訳）：ソーシャルワークの社会的構築，明石書店，2003

第4章 子育て支援で活用される諸技術

　本章では，前章で述べた相談援助実践における重要な視点を踏まえ，具体的にどのような技術が実践で用いられるのかについて説明していく。相談援助技術は，人びとの生活上の諸問題の解決に向けて，時代の変化とともに，また，人間への理解を深めようとする諸学問領域の新しい成果が登場するたびにこれらを取り入れ，実践しながら発展した。その過程においては，これまで有効であるとされた実践が否定されたり，また，より高度なものへと統合されたりといったことが頻繁に生じた。他方，50年以上前に取り入れられた実践の技法が，今なお有効なものとして活用されていることがある。以下では，数多くの援助技術の中から，子育て支援での活用が想定されるものに絞って紹介する。

1. 情報収集の技術

　利用者と話す際，言葉を中心とする言語コミュニケーションと，身振り手振りや身体のこわばり，声の震えなどの非言語コミュニケーションの諸特徴や相違点に通じていることで，相手の表現するさまざまなメッセージに注目して読み取る力が向上し，理解がより深いものとなる。また，言語を含め，利用者が自分の思いや感情をどのような手段によって伝えるのか，その傾向を把握しておくことも大切である。支援者の方から意図的に非言語コミュニケーションを活用し，利用者の思いや感情の表出をうながすこともあるため，目線の使い方やジェスチャー，利用者の言葉に対してその都度うなずくなどの形で，自らのコミュニケーションをある程度コントロールする力が求められる。

　相談援助の主役は，生活上の諸問題を抱える利用者本人である。そのため，利用者の言動を最優先する姿勢を忘れないようにしたい。場面によってオープンクエスチョン[*1]の投げかけを意識したり，同じ言葉を繰り返すことで相づちをうったりと，利用者が自由に話したり，感情を表に出したりするように働きかける。一方，話の中であいまいな部分がある際には，正確な事実を把握するために，同じような質問を繰り返したり，話の内容を要約して相手に投げかけ，再度確認してもらう。このような事実確認の作業は，とめどない会話の流れを落ち着かせ，その内容を整理する上でも有効である。たとえ沈黙の状態であっても，それは「自分の内面と向き合っている」，「自らが話した内容を心の中で繰り返し整理している」という形で，肯

定的に解釈できる面がある。支援者の沈黙も同様に,「相手の話にしっかりと耳を傾けている(=傾聴)」姿勢の表れともなる。それぞれの表現や手段が持つ「プラスの意味」と「マイナスの意味」の両方に通じておくことが求められる。

* 1　「開かれた質問」ともいう。逆は「閉じた質問(クローズドクエスチョン)」である。「はい」「いいえ」で答えられる質問がクローズドクエスチョンであり,そうでないものがオープンクエスチョンとなる。

　支援者の見解や言葉は,常に正しいものと受けとめられがちである。支援者もまた,専門的な学びや経験を重ねてきたことを背景に,「自らの見立てが正しい」と考えたり,これまでの学びや経験の枠組みだけで相手のことを理解したりしてしまう。ハーレーン・アンダーソンは,支援者が経験や知識に基づく先入観によって相手を理解しがちな傾向にあることを踏まえ,謙虚に他者から教えてもらうことを大切にする態度,そして,より相手のことを知ろうとする態度,すなわち「無知の姿勢(not-knowing)」の大切さを説いている。このとき支援者は相手の「変な見方」を否定して改めようとしたり,あるいは相手を教育したりすることはない[1]。むしろ相手の独自性を受けとめ,認め,尊重した上で,「なぜそのように考えるのか」という思いを念頭に,相手に教えを請う姿勢で接し,さらなる探求を続ける。

　話をする場所やそこでの環境のつくられ方によって,コミュニケーションの質が変化することにも配慮が必要である。部屋の広さや天井の高さ,机や椅子(あるいはソファ),そのほかの家具や備品の有無(相手との距離感を調整する),周囲に見られたり聞こえたりしないか(話す内容の機密性),相手とどのような体勢・位置で話すのか(オープン2・クローズド2など)[2],といったように,さまざまな環境への工夫がある。さらに「自分が住んでいる場所で話す方が安心できる」といった相手には,こちらから生活の場に出向いて話すこともある* 2。その際には,住居の様子や暮らし向き,近隣との関係など,直接的により多くの情報を収集することができる。

* 2　このように,支援者が相談者を待つのではなく,地域や生活の場を直接訪れ,積極的に生活上の問題を発見したり支援を展開したりすることを「アウトリーチ」と呼ぶ。また,生活場面で利用者とともに時間と場所を共有しながら行う面接を「生活場面面接」と呼ぶ。

2. 図像化の技術

　第3章で,利用者の生活上の問題を「広がり」や「仕組み」としてとらえることの重要性を指摘した。相談援助実践では情報を整理するとともに,他職種や利用者本人,家族における理解とそれらとの連携を促進するために,図像化の技法を用いることがある[3]。その中でも代表的なものがジェノグラム(図4-1)やエコマップである(図4-2)。これらは一定の記述方法のもとで,利用者とその家族(ジェノグラム),そして近隣の人間関係や組織,支援への活用が見込めるサービスや組織・団体の取り組みなど(これらを「社会資源」と呼ぶ)を配置する(エコマップ)。その上で利用者とそれぞれの人や組織などとの関係を各種の線で結び,全体としてどのような仕組みで利用者の生活上の問題が生じるのかを考えていく。図像化することで,生活上の問題を抱える本人は,自らの抱えている問題を自分自身から切り離し,客観的な視点

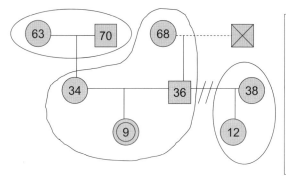

図4-1　ジェノグラムの表記法

出典）副田あけみ・小嶋章吾編著：ソーシャルワーク記録　理論と技法　改訂版，2018，誠信書房，p.50をもとに筆者が作成。

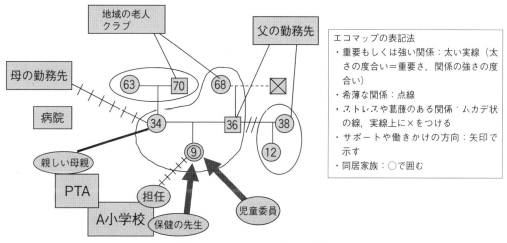

図4-2　エコマップの表記法

出典）副田あけみ・小嶋章吾編著：ソーシャルワーク記録　理論と技法　改訂版，2018，誠信書房，p.51をもとに筆者が作成。

から向き合い，自覚していくことが可能となる（外在化）。

　エコマップの作成により，利用者の生活上の問題を「広がり」として把握することができるが，第3章3で示した「時間の流れ」をとらえることは難しい。時間の流れを意識するようになると，「過去の自身を取り巻く状況はどのようなものであったか」を図像化したり，あるいは，「今後（未来），自身を取り巻く状況がどのようになればよいと考えるか」という理想の姿を図像化したりなど，利用者への理解を深めるための手がかりが増える。図像が多くなり収拾がつかないような場合は，少なくとも時間の流れについて「タイムライン」として，生活の歴史を時系列にまとめることも有効となる（図4-3）。「広がり」や「仕組み」だけにとらわれず，過去 - 現在 - 未来という「時間の流れ」の図像化に取り組むことで，支援の質をより高めることができる。

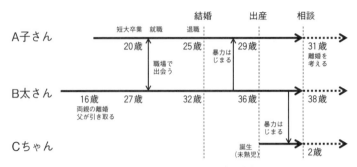

図4-3　タイムライン表記例

　図像化することのメリットは上記以外に，①図像に表すことができていない内容があるのかを想像し，新たな情報収集のきっかけにできる点，また，②新たなサービスや組織を創造したり，他分野の専門職の助けを借りたりなど，支援の方針をより具体化できる点がある。

3. 記録とその管理の技術

　支援者は，これまでの生い立ちや現在の経済状態，将来の夢など，「支援に活用する」という名目で，利用者に関するあらゆる情報を収集できる立場にある。また，信頼関係の構築に伴い，利用者の生活の場に容易に足を踏み入れることも可能となる。そのため取り扱う情報の量も多く，それらの質も高い。利用者は，支援者に全幅の信頼を置いた上で，生活上の問題の解決に向け，本来は秘密にしておきたいような内容に関する情報を提供してくれている。そのことの重みをしっかりと受けとめ，情報の取り扱いについては丁寧さと慎重さを徹底しなければならない。

　近年，SNS（ソーシャル・ネットワーク・サービス）などの普及と発展に伴い，多くの人びとが簡単にさまざまな情報を発信したり受け取ったりすることが可能となった。その分，与えられた情報を鵜呑みにするのではなく，「どのような意図でその情報が発せられたのか」，「その情報が拡散することで誰に，どのような利害が生じるのか」などについて検討しながら情報を読み取る力（リテラシー）と，情報に明確な根拠が存在しているのかについて考え，その都度裏付けを試みる姿勢が求められる。

　職場でのIT機器導入が進んでいるが，①コンピュータウイルスの複雑・高度化，②USBメモリやSDカードなどの登場により情報の持ち歩きが簡便になったこと，③個人に関するあらゆる情報がデータ化され一括管理されるようになったことなどにより，大量の個人情報が一度に流出・拡散するリスクが高まり続けている。これらの状況を踏まえ，専門職として知り得た情報の管理と取り扱いについては，「秘密の保持」という形で，細心の注意を払わなければならない。

　その一方で，支援を有効なものとするため，専門職間や職員，家族などで共有することが望ましい情報がある。しかし，その取り扱いまで慎重になってしまうと，利用者の状況の正確な把握が難しくなり，迅速な対応ができなくなる。支援者は，他専門職などへの情報提供・共有

が適切であると考えた場合，その理由を利用者に説明した上で了解をとるといった手順を踏む。支援者として知り得た情報については，その使いみちを利用者や家族，関係者などと丁寧に検討する機会を確保する。

　支援者が用いる支援記録は，生活上の問題を抱える利用者本人やその家族が記した日記や手記などに近いものであり，ありとあらゆる側面から利用者の生きた姿を克明に残す可能性を持っている。また，時代を超えて人びとの記憶をつないでいく役割を果たす。したがって，支援者にしか理解できないような記述は避け，利用者やその家族，他専門職など，誰にでも理解できる記述であることが望ましい。適切に記され，蓄積された記録は，①利用者の情報収集や生活上の問題を見極めるにあたっての情報源，②利用者の支援計画を立てる際や，それらを本人や家族などに説明する際の根拠，③提供している支援が適切かどうかを判断・評価する際の情報源，④上司や豊かな経験を持つ支援者からのアドバイスや指導を受ける際の材料，⑤エコマップなどと同様に，多職種との情報共有および連携の促進を図るツールとしての活用などが想定される。また，支援者が所属する組織においては，⑥組織全体として支援の履行状況を運営管理する際の手がかり，⑦過失などの責任が問われた場合の証拠としての活用などが想定される。

　上記のような活用が見込まれる以上，記録では客観的に把握できる事実と，支援者の主観的な印象や思いを明確に区別できるような記述上の配慮が必要である。前者については，事件などを報道する新聞記事などの表現や記述が参考となる。いったん記録として残されると，それがそのまま「客観的な事実」であるかのように取り扱われてしまうことがある。支援者の主観や先入観から事実をねじ曲げていないかどうかについて，確認を怠らないようにする。書き手として，常に文章力を向上させる意識を持ちながら，日々記録を遺し，蓄積していく姿勢を大切にしておきたい。

4. 集団による対話実践の技術

　この世の中に同じ人間は誰ひとりとして存在しない。他者との関わりは，その他者と自分自身の違いを明確にするとともに，自らへの理解を深めるための大きなきっかけとなる。このような他者の存在が果たす機能を，情報収集に生かすことが可能である。人の数が増えると，そこで繰り広げられる相互作用の数は，人数以上のものとなっていく[*3]。相互作用が活発になることで，情報があいまいなものからより具体的なものとなっていったり，また，それぞれのメンバーが刺戟し合うことで新たなアイデアが生まれたり，だれも気にかけていなかった情報に注目が集まることとなったり，といった機会が生じる。

　　＊3　例えば，4人からなる集団で考えてみると，そこで繰り広げられる2人の関係は6通りである（四角形の各辺と対角線）。加えて3人関係は4通り，4人関係は1通りとなり，6＋4＋1＝11通りの相互作用が生起する。

　近年，フィンランドの一地方で実践されてきた「オープンダイアローグ」が日本でも紹介されている。この実践のポイントのひとつは対話である。利用者のニーズに即座に対応し，複数

の分野からなる対話のための専門職チームが組織される。このチームはなるべく全プロセスを通じて関わり続ける。直接利用者および家族のもとを訪れ，毎日利用者や家族を交えてミーティングを行う場合もある。必要に応じて，利用者の生活や支援に関わると思われる人や他機関の人，他専門職もミーティングに招く。ミーティングでは，解決や結論を急がず，対話の継続と多様な意見の共存が重要視される[4]。

この実践では，利用者や家族の話や訴えを聴いた上で，専門職同士が彼らの目の前で意見交換を行い，そこでの対話に対して利用者や家族が感想を述べるといった「リフレクティング」の手法が多用される[5]。対話の参加者の立場や意見に上下の差はない。各分野の専門職や利用者，家族などに平等の機会と権利が与えられることにより多様性が確保される。対話では，それぞれの独自の視点や意見を尊重しながら相互理解を深めていく。つまり，専門職が利用者や家族の思いや語りを勝手に解釈するようなことはない。

このような実践に近いものとして，セルフヘルプグループ（自助グループ）や当事者グループの実践がある。何らかの問題・課題を抱えている本人や家族などで組織されたグループであり，メンバー間の対話を通じて，互いに助け合い，支え合う関係を構築する実践である。この実践において専門職は，他のメンバーと同様，ひとりの構成員として，あるいは情報の提供者，サービスとの媒介・仲介者として側面的に関わる。アルコールや薬物への依存・嗜癖者およびその家族のグループやDV（ドメスティックバイオレンス）被害者のグループ，未婚のひとり親グループなど，多様な組織が地域で活動を行っている[6]。

以上のように現在，生活上の問題を抱えた本人とそれを取り巻く人びと，そして専門職がひとりの人間として対等の立場であることを前提としながら，それぞれの専門的な見解や視点を生かして対話を繰り返す，という実践の効果が認められ始めている。これを念頭におき，子育て支援の場面においては，専門職と親，子どもたちが一堂に会して対話を行うような場を設定したり，あるいは，保育士などの専門職同士が日常の業務を行うにあたっての葛藤などを話し合うような場を設定したり，さらには，さまざまな支援者や専門職が集まり，特定の事例についてそれぞれの立場からコメントしながら対話を展開することで，多職種連携を実現する場を設定したり，といったような実践が考えられる[*4]。今後，対等な立場を前提とした対話実践と，それを可能とする場の構築と確保がますます重要となる。

*4　参加者の対話を通した画期的な事例検討法として「PCAGIP」がある。村山正治・中田行重編著：新しい事例検討法　PCAGIP入門，創元社，2012に詳しい。

5. 利用者の力を高める技術

私たちは生活上の問題を解決することに熱心になるあまり，「利用者が何らかの問題を有する存在であること」を前提としがちである。常に利用者の問題探しをするような姿勢が果たして専門職として正しいのか。また，そのような接し方が利用者と信頼関係を結ぶ際に有効であるのか。近年，相談援助実践では，問題だけではなく，利用者の強みや能力を見出す視点が重要とされる。これをストレングス視点といい，相手の得意な部分やこれまでの人生で何かを乗

り越えたり耐え抜いたりした体験，さらには信頼できる人間関係の広がりなど，本人の「強み」であると確認でき，活用できるものに着目する。さらに，この視点のもとで利用者の情報収集や分析を行うこと，あるいは，強みを生かし，伸ばす形で支援を計画し実践することも含まれる。

　生活上の問題を抱える人は，自らが「問題」として認識していることだけについて，その解決に取り組むとされる[*5]。同様に，利用者が自分の「強み」を自覚しない限り，それを支援に活用することは難しい。支援者が一方的に相手の良い部分を指摘し，押しつけるというふるまいは，支援とはほど遠いものとなるため注意が必要である。一方で支援者は，時として本人以上に利用者の強みに着目し，見出すことのできる存在でなくてはならない。そして強みを発揮できるような場を調整したり，本人が自らの強みを自覚する機会を継続的に用意することで，真のストレングスとしていくような働きかけを心がける。

　[*5]　このような考え方を実証的に導き出し，実践につなげたものとして「課題中心アプローチ」がある。久保紘章・副田あけみ編著：ソーシャルワークの実践モデル，川島書店，2005，pp.93-115 を参照。

　ストレングスは，利用者本人だけでなく，利用者を取り巻く社会環境にも見出すことができる。社会福祉の実践において必要不可欠な考え方としてエンパワメント（empowerment）がある。エンパワメントは，「力を高める」という意味であるが，個人がいくら力を高めても，それが周囲の社会環境から承認され，実際に人びととの関係の中で生かされなければ本当の力とはいえない。社会環境が誰かの存在を認め，その一員として組み込むことは，社会環境にとってのエンパワメントにもなる。なぜなら，これまでその一員として認めていなかった存在を迎え入れること（包摂＝インクルージョン）によって，その社会が多様性においてより複雑さを増し，集団としての懐の深さや寛容さが向上するからだ。エンパワメントの考え方においては，個人と社会環境との関係を踏まえ，相互の力を高めることの重要性が示されている。

　相談援助の実践を支える考え方の中には，「人間は本来，自ら成長する力を持っている」ことを前提とし，支援者は側面的に，その潜在能力を発揮するための環境を整備・調整することに徹するべきであるという立場がある[*6]。このような考え方から導き出された支援者の働きかけの中で広く知られているものが「バイステックの7原則」である。①個別化の原則（「同じ問題は存在しない」と考え，決めつけや支援の画一化を避ける），②意図的な感情表現の原則（利用者が自然にかつ自由に感情表現ができるように工夫する），③統制された情緒的関与の原則（支援者が自らの心に向き合い，自らの感情をコントロールして利用者に接していく），④受容の原則（利用者の存在や言動を否定せず，なぜそのように考えるのか，行動するのかに焦点を当てる），⑤非審判的態度の原則（利用者の行動や思考に対し，善悪などの判断を下さない），⑥自己決定の原則（あくまでも利用者が主体となり，判断したり決定したり，解決へ取り組んだりすることを尊重する），⑦秘密保持の原則（利用者の個人情報やプライバシーを他に漏らさない）の7つからなり，支援者がこれらの姿勢を意識し，常に自らが実践できているかを問いかけながら支援を展開することで，利用者が力を獲得し，発揮することが実現する[7]。つまり，支援者の関わり方が，利用者の力を高める環境として機能するのである。

　[*6]　このような考え方に基づく実践として，「機能主義アプローチ」がある。久保紘章・副田あけみ編著：ソーシャルワークの実践モデル，川島書店，2005，pp.17-32 を参照。

他にもL．リップルやH．パールマンが提示したものとして「MCOモデル」がある。Mとはmotivation＝動機付け，Cとはcapacity＝能力，Oとはopportunity＝機会を指し，これら3つがそろうことにより，利用者が生活上の問題に対応する力（ワーカビリティ＝work-ability）を獲得するというものである[*7]。中でも，O＝機会が必要不可欠な要素としてあげられている点は重要である。いくらやる気（M）や能力（C）を有していても，それらを発揮する機会や場所，環境が用意されていないと真の力として実現しない。したがって支援者は，そのような機会（O）を調整し提供する役割を担う。支援者は自らが，利用者が力を発揮する上で欠かすことのできない環境の一部であり，また，利用者が力を高めるための環境調整の役割を担う存在であることを心に留めておかなければならない。

*7　MCOモデルはパールマンの提唱した「問題解決アプローチ」の中で広く知られることとなった。久保紘章・副田あけみ編著：ソーシャルワークの実践モデル，川島書店，2005，pp. 33-52を参照。

「力が高まった」という思いは，何か目に見える形で確認できる方が実感が沸く。相談援助実践では，相手の行動に焦点を当て，望ましくない行動を取らないようにしたり，あるいは，新しい行動を習得することで問題の解決を目指す「行動療法（行動変容アプローチ）」を活用することがある。この場合，客観的に確認できる「行動」とその変化が，力の高まりを実感する手がかりとなっている。また，その実感が増すにつれて，本人の意識の変化や周囲の環境の変化が生じると考える[*8]。このように，行動や意思表示，特定の課題の達成など，何らかの指標を定め，その回数の増減を基準にすることで，本人の成長を確認し，評価するための客観的な根拠を用意することが可能となる。また，利用者や家族，他の専門職などと結果を共有し振り返ることで，利用者自身や家族などによる成長の実感を確かなものとすることができる。

*8　行動療法については，久保紘章・副田あけみ編著：ソーシャルワークの実践モデル，川島書店，2005，pp. 73-92を参照。

6．つなげる・つながる技術

第3章2で示したように，相談援助実践においては，人びとの抱える生活上の問題を「仕組み」としてとらえた上で，それを解決するための人や組織，サービスなどからなる「仕組み」を構築していく。ここでは，それら仕組みをつくっていくための支援者の実践を「つなげる・つながる」と表現し，これらに関する考え方と技術を紹介する。

支援者は，本人の自覚という面から，また，周囲からの認識という面から，自らのことを「助ける側」の存在として考えてしまいがちである。そのため，逆の立場，すなわち「助けられる側」になることへの抵抗感を持つことが多い。しかし，複雑かつ多様化する生活上の諸問題に，ひとりの支援者だけで対応し，解決していくことは不可能である。そこで支援者は，「助ける側」としてだけではなく，適切な専門職や施設，組織，サービスなどを見極め，利用者をそれらと結び付けていくような，「助けられる側」としての力も向上させていく。しかし，手当たり次第に助けを求めればよいというわけではない。「助けを求める力」は，①何について，どのくらい助けを求めるのかを正確に見極める力，そして，②どのようなサービス組織や

人が，ニーズに応じた知識や技術を有しているのかを推し量る力などの，情報を収集し分析する力に直結している。適切かつ迅速にニーズとサービス・人を結び付ける（マッチングする）ことができず，次々と支援の担い手を探し回ることは，いわゆる「たらい回し」の状況を生じさせ，支援者と利用者の信頼関係が根底から揺らぐ事態となる。

　支援者が助けを求めるべき具体的な状況や内容は複雑かつ多岐にわたる。常に助けを求める相手を広範にわたって確保し，即座に報告・連絡・相談・連携し助けを求めることができるよう，情報を検索・集積し整理しておく。支援者相互のつながりの構築・維持は，アドレス帳や名刺ホルダーの整理，連絡網の作成，インターネットを用いた情報収集など，日常的な取り組みの積み重ねにより実現する。また，閉鎖的な組織や集団は，これまでのつながり方を放棄し，新たなつながりを構築することに抵抗があったり，外部から助けを求めることに極度に慎重だったりする（例えば「家族以外の人の介護は受けたくない」など）。しかしそのままにしておくと，状況がより悪化してしまう。そこで支援者は，組織や集団のメンバーに対し，なぜ外部の助けが必要なのかについて，その組織や集団の限界を示し，どのような助けを求めるのかについて詳細に説明して理解を促進させ，組織や集団のメンバーが自発的に外部へ助けを求めることができるように支援していく。

　特に日本ではこれまで，本来は国や社会全体で責任を負い，展開すべきサービスの多くを，家族や地域における助け合い（自助努力）に担わせてきた面がある。他国と比較して，日本の家族や地域には，他人に極力迷惑をかけず，自分たちの力だけで助け合い，我慢しながら苦境を乗り切る文化があり，それが日本の美徳であるとする考え方が広く行き渡っている[8]。しかし現代になって，子どもや高齢者などへの虐待や地域での孤独死など，現実の出来事が，日本の家族や地域の理想とされる姿とかけ離れていることが明らかになってきた。

　今後求められる「つながり」は，これまでの「日本の家族や地域の助け合いの文化」とは異なるものだと自覚しておく必要がある。1980年代にアメリカで「ネットワーキング」の重要性を主張したJ. リプナックとJ. スタンプスらによれば[9]，ネットワーキングとは，つながろうとする者同士が，お互いの特性（何ができるか／できないか，など）を示した上で理解し，それぞれの役割などを明確にし，対等の立場で結び付く「ヨコ」のつながりであり，「契約」の関係に近い。これまで日本では，「つながり」の重要性を強調しても，「新たに構築するまでもなく，地域や家族の助け合いのつながりが伝統的に存在している」という先入観が障害となり，実質的に機能し運用できるつながりの構築に積極的ではなかった。これからの社会で求められる「つながり」とは，つながりを構成する者たち同士が，互いに何ができるのか，できないのかを明確にし，それらを相互に補い合ったり，また，協力し合ったりすることでより大きな力が生まれることに同意した上で構築されるものである。支援者は家族や地域住民の一人ひとりに対して地道に働きかけ，真のつながりへの理解を促進する役割や，人びととの間に介在することでつながりを創造していく役割が求められる。

　加えて，利用者にとっての「居場所」の確保も念頭におく必要がある。私たちは，人生の多くを複数（2つ以上）の居場所（例えば家と学校，家と職場など）に所属しながら過ごす。それぞれの居場所では，その場所でしか起きない出来事と，そこを居場所と考え，自らの存在を認めてくれる仲間の存在がある。このように考えると，インターネットやSNSにおける「グ

ループ」や「コミュニティ」のような仮想空間もまた，人びとにとっての居場所になり得るのではないかという疑問が生じる。しかし，「ソーシャル・キャピタル（社会関係資本）」の考え方に基づくのであれば[10]，現実の人間同士での面と向かったつながりがもたらす効果はきわめて大きい。たとえ仮想空間において人との「つながり」を実感することができても，相手の顔も見えず，互いに本人であるかもわからないつながりを主とする空間の中で，自らが抱える生活上の諸問題に寄り添い，共に立ち向かってくれる仲間を確保することは困難である。

　支援者にはまず，相手がどれだけの数の居場所を有しているか，また，それぞれの居場所にどのような思いを持っているのかを理解していく。もし，本人が居場所であると実感できる場が限定されている場合には，地域の中に新たな居場所の候補を探した上で紹介したり，あるいは，新たにグループを組織して居場所をつくったりといった実践を展開する。地域で展開されているセルフヘルプグループや当事者グループ，サロン活動など，利用者の居場所の候補となるような拠点の存在について情報を収集する。何らかの居場所が確保された場合，利用者がその一員として迎えられ，また，利用者自身が，そこが自らにとってかけがえのない場所であると認識できるよう働きかけていく。

引用文献
1）ハーレーン・アンダーソン（野村直樹他訳）：会話・言語・そして可能性，金剛出版，2001
2）介護福祉士養成講座編集委員会編：・介護福祉士養成講座5　コミュニケーション技術，中央法規，2009，pp. 22-23
3）副田あけみ・小嶋章吾編著：ソーシャルワーク記録　理論と技法　改訂版，誠信書房，2018，pp. 77-78
4）ヤーコ・セイックラ，トム・エーリク・アーンキル（高木俊介・岡田愛訳）：オープンダイアローグ，日本評論社，2016，および精神看護　第21巻第2号，金剛出版，2018掲載の「オープンダイアローグ　対話実践のガイドライン」，pp. 105-132 を参照
5）トム・アンデルセン（鈴木浩二訳）：新装版　リフレクティング・プロセス，金剛出版，2015 参照
6）熊谷晋一郎編：臨床心理学　増刊第9号　みんなの当事者研究，金剛出版，2017 参照
7）フェリックス・P. バイステック（尾崎新・原田和幸・福田俊子訳）：ケースワークの原則—援助関係を形成する技法，誠信書房，2006
8）溝渕淳：「日本における家族の再統合支援をめざして」，人間福祉研究第16号，広島文教女子大学人間福祉学会，2018，pp. 2-15 参照
9）J・リップナック，J・スタンプス（正村公宏監訳）ネットワーキング，プレジデント社，1984，および金子郁容：ネットワーキングへの招待，中央公論社，1986 参照
10）中田知生「ソーシャルキャピタルの可能性と限界」，福祉社会学会編集：福祉社会学ハンドブック，中央法規，2013，pp. 98-99 参照

参考文献
朝比奈ミカ・日置真世編著：ここで差がつく生活困窮者の相談支援，中央法規，2016
福祉社会学会編集：福祉社会学ハンドブック，中央法規，2013
ハーレーン・アンダーソン（野村直樹他訳）：会話・言語・そして可能性，金剛出版，2001
J・リップナック，J・スタンプス（正村公宏監訳）：ネットワーキング，プレジデント社，1984
久保紘章・副田あけみ編著：ソーシャルワークの実践モデル，川島書店，2005

大谷佳子：対人援助の現場で使える　聴く・伝える・共感する技術便利帖, 翔泳社, 2018
佐藤直樹：世間の現象学, 青弓社, 2001
副田あけみ, 小嶋章吾編著：ソーシャルワーク記録　理論と技法　改訂版, 誠信書房, 2018
トム・アンデルセン（鈴木浩二訳）：新装版　リフレクティング・プロセス, 金剛出版, 2015
ヤーコ・セイックラ, トム・エーリク・アーンキル（高木俊介・岡田愛訳）：オープンダイアローグ, 日本評論社, 2016

第5章 子育て支援の展開方法

1. 支援の流れへの理解

　第3章3で述べたように，生活上の諸問題が一定のプロセスを経て生じるものである以上，その解決もまた，一定のプロセスを経る必要がある。利用者もまた，支援の解決が一定のプロセスを経るという認識を習得し，自ら一歩踏み出すことが求められる。支援者はその導き手とならなければならない。また，支援のプロセスがどのような段階を踏むのかに関して深く理解し，その都度進行状況を把握しながら取り組む。

　しかしながら，支援の展開が「ある段階をクリアすれば次の段階に…」という形でスムーズに進行することはまれである。ここで図5-1をみてみよう。

　図5-1の実線は支援を進行させる流れ，点線は支援を引き戻す（やり直すように働きかける）流れであり，互いの方向が逆になっている。支援の初期（図の上部）から終期（図の下部）にかけ，それぞれの局面における中心的な取り組みに便宜上の名称（インテーク，アセスメントなど）がつけられる。これらが1本の線で結ばれていることからもわかるように，あらゆる取り組みが常に同時並行で実施されていると考えた方がよい。また，それぞれの取り組みは常に，支援を進行させようとする力と引き戻そうとする力とがぶつかり合い，せめぎ合う中で展開される。以上の点を踏まえ，支援のそれぞれの段階で用いられる方法やそこでの留意点についてみていく。

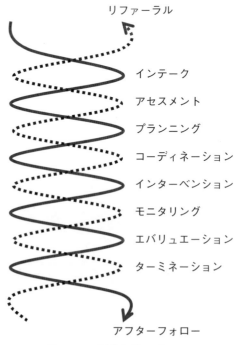

図5-1　相談支援のプロセス

2. 支援の開始

　支援の初期では、利用者からの相談があった内容について支援者が対応し、支援を展開するか否かを判断する。一定の判断をくだす以上、その根拠となり、説明責任を果たすための最低限の情報収集が必須となる。同時に、相手が何を求めているのかを正確に判断するとともに、今後の支援に備えた信頼関係の構築を念頭に置かなければならない。

　支援者はコミュニケーション技法（第4章1参照）を活用しながら、利用者が支援者やその所属組織に何を求めているのかについて、面接などを中心に引き出していく。ただし、問題の内容によってはきわめて緊急性が高く、即座に対応しなければならないことも多い。その際には、利用者が自らの問題に向き合い、考える時間を確保するため、緊急性を高める要因を明らかにした上で取り除くことを最優先する[*1]。

　　*1　このような考え方に基づく実践として、「危機介入」がある。緊急性の高い危機的な状況のみに焦点をあわせ、その原因を取り除くため即座に介入することで、早期に生活の均衡状態を取り戻すことが目指される。川村隆彦：ソーシャルワークの力量を高める理論・アプローチ，中央法規，2011，pp.95-112を参照。

　初期の面接では、なるべく利用者の感情や思いに焦点を当て、それらを引き出すために非言語のコミュニケーションやあいづちなどを活用し、聞き役に徹する。また、利用者の主観であったとしても否定せずに受け容れること（無知の姿勢）を優先したり、バイステックの7原則に基づいた関わりを通し、利用者が自らの問題状況を把握し、表現していくように導きながら、その力を高めていくように関わる（第4章5参照）。複数の専門職や同じ問題を抱えた複数の利用者からなるグループを組織し、それぞれが思いや見解を交わす場を用意することもある（第4章4参照）。

　一定の情報収集を行った後に、その問題の解決に向けて支援を展開するか否かの判断を行う。利用者のニーズと提供できる支援とがマッチするようであれば、支援を引き受ける（インテーク）。逆にマッチしないようであれば、より適切な専門職や組織を紹介し送り出す（リファーラル）。判断するにあたり、支援者には自分自身の力量（できること・できないことなど）についての自己覚知が必須である。また、所属する組織とそこでの支援やサービスの有無と具体的な内容についても詳細に理解した上で、支援の可否に関する理由を利用者に説明できるようにしておく。力量不足やミスマッチなどにより支援を展開することができないにもかかわらず、安易に支援を引き受けることは避ける。加えてリファーラル先でのミスマッチの繰り返しを防がなければならず、支援者の「助けを求める力」と日常的な社会資源に関する情報収集の成果が試される（第4章6参照）。支援を引き受ける際にも、また、他の支援者や組織に送り出す場合にも、利用者の許可を取った上で話し合った内容を記録し（第4章3参照）、その後の支援に活用できるように備えておく。

　支援を展開することが確認された段階で、利用者と支援者は対等なパートナーとして、互いの役割や責任などを相互に話し合い、合意形成を図る。さらに、問題解決に向けて協力して取り組む意思を共有した上で、信頼関係を深めたり、問題への対処能力を向上させたりといった

パートナーシップのもとでの活動を開始する。

3. 情報収集・分析と支援計画の立案

　取りかかるべき生活上の問題がいかなるものであるのかを認識することなしに、支援を展開することはできない。そこで利用者が抱える生活上の問題の全貌を客観的に把握すること（アセスメント）が必要となる。この際に問題を「広がり＝仕組み」の視点（第3章2参照）および「時間の流れ」（第3章3参照）からとらえる視点が有効となる。本人との面接はもちろん、家族や近隣、職場、学校などからも情報を収集する。インテークでは主観的な情報をそのまま受け容れることに力点が置かれていたが、アセスメントでは根拠となるデータや証言などを集めながら、客観的に情報を把握し、根拠によって裏付けながら整理することに力点が置かれる。場合によっては医学的または心理的な検査も実施する。収集する情報は、心身の状況はもちろん人間関係、余暇の過ごし方、現在利用している制度やサービスなど多岐にわたる。また、いまだ表出していない潜在的なニーズや、今後顕在化することが予想される隠された問題の存在にも気を配る。もちろん問題に関する情報だけではなく、利用者のストレングスに関する情報（第4章5参照）や利用者を支援するにあたって活用が想定される社会資源に関する情報も収集する（第4章6参照）。

　情報の収集と整理は、利用者と支援者との共働によって行うことが望ましい。また、詳細な医学の知識など、専門性の高い内容については、他専門職にアドバイスを求める。利用者は、これらの活動に主体的に取り組むことにより、「自分自身に関する一番の専門家」として成長していく。また、収集する情報を整理することにより、自らと問題とを切り離し（外在化）、客観的かつ冷静に問題と向き合うようになっていく。

　問題の整理のために、ジェノグラムやエコマップ、タイムラインなど図像化の技術を用いることがある（第4章2参照）。あるいは、断片的かつ多様な情報をそれぞれが持ち寄り、カテゴリー化するなどして整理していくことも可能である[*2]。信頼関係の深まりとともに支援者の側から、「私は〜と思う」という形で、専門的な見解を利用者に伝える機会も多くなる。そこで支援者は、支援を展開する中で自分がどのように感じ、考え、変化したのかについて振り返る自己覚知の機会を定期的に持つようにする。また、利用者の家族や友人など関係者が、どのように問題をとらえているのかについて話を聴き、情報収集する。時にはさまざまな人びとが集まり、対話する機会を用意することで（第4章4参照）、多様な視点からの情報収集を行う。

　　*2　例えば、カードや付箋を用いたブレインストーミングを活用することができる。参加者はテーマに沿って気付きやアイデアを簡潔に、できるだけ多くカードや付箋に記す。次に、それらを貼り出し、参加者全員に可視化し共有した上で話し合い、似たものをカテゴリー化する。その後、カテゴリーをさらに大きなカテゴリーに集約したり、カテゴリー間の関係を考えたり、優先順位を付けたりしながら、テーマの目的に沿って情報を集約・活用する。この技法は、テーマに沿って多様な意見を引き出し、相互理解を深める機会に活用できる。さらには職員同士で利用者の情報を集約・整理したり、事例を検討したりする際にも有効である。

　「広がり＝仕組み」と「時間の流れ」にとらわれすぎると、収集する情報が増える一方とな

る。ある程度全体像が把握できた時点で，どこまでの範囲を扱うのか，また，例えば「いま，ここで」のさしあたっての問題は何かなど，ある程度切り離して考える（第3章4参照）ことも重要である。支援を展開することのできる時間や空間には一定の制限がある。利用者の思いを中心に据えながら，その都度情報の取捨選択を行っていく。

　情報の収集と整理が充実するにつれて，支援の進め方について，利用者と支援者の共働で計画を立てていく（プランニング）。支援計画においても「広がり＝仕組み」と「時間の流れ」の視点は重要となる。まず，どのような社会資源（専門職やサービス，組織など）とつながり，それらを活用していくのかを考える。また，最終的な支援の目標（ゴール）や求められる状況の変化を定めるとともに，それに向けてクリアしていかなければならない諸課題（ターゲット）を考える。利用者の思いと支援者の思いが一致しない場合は，利用者の思いをできる限り優先しながら，互いの意見を交わして調整を図る。支援者の方からいくつかの選択肢を示し，利用者に選んでもらう場合もある。

　短期の目標であるターゲットの積み重ねが，長期の目標であるゴールの実現となるよう，一貫性を持たせるように配慮する必要があり，ここで時間の流れをとらえる視点が活用される。場合によっては，支援する内容に優先順位を付け，特定の課題に焦点を合わせ，まずは成果を実感しやすい短期の支援（第4章5参照）を繰り返し行う場合がある。また，計画そのものをどのようなタイミングで評価し見直すのかについて，あらかじめ合意形成を図っておく。

　支援計画が固まったら，支援者と利用者は，互いの役割や責任などを相互に話し合った上で，改めて確認する。支援の内容によっては費用が発生する。したがって，ここでの話し合いは相互にとってより「契約」に近いものとなり，責任もこれまで以上に重いものとなる。両者でこれまでの取り組みを振り返り，互いの信頼関係がどの程度深まっているのかについても，再度確認しておく必要がある。

4．支援体制の構築と実施，支援の見直し

　支援計画に基づき，利用者と支援者は，各専門職やサービス，組織などをつなげ，支援を実施するための体制を構築していく（コーディネーション）。ここでは利用者および支援者の「つなげる・つながる技術」（第4章6参照）が活用される。家族や地域などが，社会資源として機能することが期待されながら，実際には機能していない場合には，それらに働きかけて周囲や環境へのエンパワメントを行い，利用者を支援する仕組みの充実を図る（第4章5参照）。あるいは新たに利用者の居場所を創造し，社会資源として確保するといった活動にも取り組む（第4章6参照）。

　構築された支援体制のもとで，支援計画に基づいたサービスが提供されていく（インターベンション）。支援者が利用者に対し直接サービスを提供することがある。例えば，利用者と協働で支援計画を立てた支援者が，サービス提供の場面で，利用者の排泄介助に直接携わる，といった場合である。その際支援者は「利用者の生活やそこでの支援全体を見渡す役割」と「利用者と同じ目線に立ち，直接的にサービスやケアを提供する役割」という2つの役割を同時に

担うことになる。このようなときには，それぞれの立場の独自性を維持し，利用者と支援者の双方に混乱が生じないように心がけることが求められる。

　サービスの提供が進むにつれ，提供したサービスが適切であったかを確認したり，利用者の状況の変化に応じて，生活の様子やそこでの問題の実際を見直したりする（モニタリング）。この局面では，サービス提供後の利用者の状況を改めてアセスメントする。また，利用者の満足度を測ったり，計画通りに支援が進行しているかをチェックしたりする。支援の効果が計画通りではなかった場合（「予想以上の効果あり」や「そもそもサービスが本人にマッチしなかった」など），支援計画を改訂する必要が生じる。モニタリングの局面は，図5-1（p.40）で点線で示された，支援を引き戻す流れの力が最も強力である。したがって，モニタリングを起点として支援が逆方向に引き戻され（フィードバック），アセスメントからインターベンションまでの流れが何度も繰り返される。この局面でも利用者と支援者の協働が基本となるが，支援に携わる家族や多職種などの関係者も交え，なるべく多様な視点から支援の進行状況を検討しておくことが大切である。

5．評価と終結，アフターフォロー

　サービスの提供が一定の成果を上げたと考えられる場合，支援者と利用者のパートナーシップを解消する局面が近づく。その前段階として，支援がどの程度計画通りに実施され，予測されていた成果がどの程度実現したかなどについて，総合的に評価する作業（エバリュエーション）を行う。評価においても「広がり＝仕組み」の視点および「時間の流れ」の視点を意識しながら，客観性を確保し，根拠に基づいた裏付けを念頭に置きながら実施される。これまでの支援記録は，評価において有力な判断材料として活用できる（第4章3参照）。また，利用者に生じた変化が，何らかの指標を用いて数値化されていると評価を実施しやすい（第4章5参照）。利用者と支援者の協働で，支援のプロセスを通して生じた本人および周囲の変化，支援に要した期間や時間の配分などについて検証する。その一方で，生活上の問題が解決したのか，新たな問題が生起していないのかなどについても確認する。

　特に，利用者の「できること」や力の向上に焦点を合わせた評価を行うことで，利用者が自らの成長を実感できるように配慮する（第4章5参照）。評価の作業の多くを，利用者自身に任せることも有効である。利用者が成長したということは，支援者の手を借りるまでもなく，自らの生活上の諸問題に対処できるようになったことを意味する。支援者の側でも，支援のプロセスを通してどのように成長したのかについて自己評価を行う。利用者と支援者の双方が，評価への取り組みを通してこれらの実感を得ることで，利用者と支援者のパートナーシップは解消され，支援は終結（ターミネーション）する。

　これとは逆に，新たな問題が生起していると確認でき，その問題が現在の支援者の手に余ると評価される場合には，その解決に向け，より適切な他の支援機関へのリファーラルを行う。利用者は送り出した先の支援者と新たなパートナーシップを結ぶことになるため，リファーラルの実施により，これまでのパートナーシップが解消される。また，新たに生起した問題に対

して，これまでと同じ支援者が再びインテークから始まるプロセスを展開することで，パートナーシップが継続することもある。

　支援が滞りなく，過不足なく終結することはまれである。終結は常に暫定的なものである（「終わり」は「始まり」）と考えておく。いったんパートナーシップを解消した後も，念のため緊急時の連絡先を伝えておいたり，送り出し先に情報を提供してその後の支援に協力するなど，利用者にとって，支援者がこれからも頼れる社会資源のひとつであることを意識付けておく（アフターフォロー）。逆に，支援者にとって支援を通して成長した利用者の存在は，今後，別の利用者を支援する際の社会資源のひとつとなる。例えば，ある生活上の問題を抱えた利用者の支援に，同様の問題に立ち向かい，成長したかつての利用者をメンバーとするような自助グループを組織する，といった支援を展開することも考えられる（第4章4および6参照）。「支援される側」から「支援する側」への立場の変化は，その者へのエンパワメントを促進することにもなる[*3]。

*3　「ヘルパーセラピー原則」という考え方がある。これは，支援する側に立つ者には，支援することを通して何らかの利得（自尊心の向上や自らの存在価値の再確認など）があるという考え方である。アラン・ガートナー，フランク・リースマン（久保紘章監訳）：セルフ・ヘルプ・グループの理論と実際，川島書店，1985を参照。

　本章の冒頭で述べたように，相談援助実践のプロセスはスムーズに進行するものではなく，相互に浸透し合っている。例えばインテークの局面において，支援者は同時にアセスメントを意識して情報収集したり，プランニングを意識して暫定的なゴールを思い描いたりする。また，インテークの面接で利用者の話を傾聴することに徹した結果，利用者が大いに語った後に「スッキリした」と述べた場合，その支援者は「傾聴」を通したインターベンションを行ったといえる。さらには，モニタリングや評価はそのまま，新たな生活上の問題に対するアセスメントとプランニングの作業であると考えられる。支援は，「現在どの局面なのか」「どのような関わりが求められるか」「どの局面まで戻ってやり直せばよいか」などを常に考えつつ，絶えず行きつ戻りつしながら積み重ねられる。支援者は図5-1（p.40）を意識しながら，支援の流れ全体を冷静かつ客観的に把握しておく。一定の手順を理解し習得しているからこそ，これを基盤として支援者の柔軟な対処能力や創造力が発揮されるのである。

参考文献
大塚達雄・井垣章二・沢田健次郎・山辺朗子編著：ソーシャル・ケースワーク論，ミネルヴァ書房，1994
副田あけみ：社会福祉援助技術論―ジェネラリスト・アプローチの視点から，誠信書房，2005

第Ⅱ部

保育士が行う子育て支援とその実際

　第Ⅱ部では，子育て支援について，具体的な場面を想定した事例を用い，学生によるグループディスカッション等を中心とした演習形式での取り組みを想定し，各場面での設問を配している。単に事例への理解を深めるだけではなく，第Ⅰ部で学んだ相談援助の展開方法や技法を演習の中で活用することを通して，子育て支援のポイントを踏まえた具体的な援助方法を習得していただきたい。

第6章 子育て支援の実際
－そのポイント

　第7章以降では，さまざまな事例を通して，子育て支援の実際をみていこう。その前に本章では子育て支援の活動の事例研究を行うことにはどのような意味があるのか，整理をしておきたい。

　まず，その事例の主人公（利用者）が抱える諸問題をさまざまな視点から総合的に分析することによって，それらの問題を打開していく視点や状況を改善する方向性を見出すことができる。そして，社会に存在するさまざまな資源を有効に活用することや，新たに制度サービスを創造することにもつなげることができる。援助者の側からすると，それらを踏まえて利用者に対しての支援方法を見出すことができるのである。その意味においては事例研究を行うことによって，援助者として実践過程を振り返ることで，実践に活用できる方側性や理論の構築にもつながっていくと考えられる。

　事例研究を効果的に進めるためには，以下の諸点からの考察をすることによって深めていくことができる。

① 主人公である利用者の状況を明らかにする。このことを通じて利用者理解が深まる。その時点では，利用者状況を生活主体者として社会環境全体から総合的に理解することが肝要である。

② 問題の本質を探る。利用者の抱える問題やニーズは，顕在化しているとは限らない。内面的に潜在化しているニーズもあり，利用者を総合的に理解することによって，利用者の抱える問題の本質を探ることができる。また問題としてとらえるよりは，ウェル・ビーイング（well-being）の視点からとらえることで，利用者の目標（ターゲット）であるニーズを明確化できると考える。

③ 事例が起こっているのは，利用者が生活をするこの現実的な地域社会の中である。その地域社会によっては，用意されている公私の社会資源の状況などが異なっていることがある。また広義にとらえると，生活を構成している文化・風土などが多様化していることもある。その生活を構成している文化性を重視する点もソーシャルワークの展開には重要である。

④ 時間的経過を追って，事例の経過を踏まえる。つまりストーリーを追い生活上に起こってきているエビデンスを把握し，その時の利用者の抱える心情についての理解も深まり，事例の流れを総合的に理解することができる。

図6-1 「ソーシャルワーカーの専門性の構成要素」で描く理想の"樹"
出典）対人援助実践研究会 HEART 編：77のワークで学ぶ「対人援助ワークブック」，久美出版，2003, p.76

⑤ 社会の中での社会資源の状況を理解する。ニーズに対応した社会資源が必ず用意されているとは限らない。私たちの生活を構成している要素にはさまざまな要素によって社会資源が存在している。その中では，地域社会に潜在化している資源を耕す機能も重要な役割を果たすということができる。

⑥ 援助者が実践として行う援助の状況を理解する。援助者は，専門職として構造化された専門性の上に立脚して，利用者を援助している。それは，以下の3点である（図6-1）。
　　1．専門的技術
　　2．専門的知識
　　3．援助者としての援助観，福祉観，倫理観
　である。

　1．専門的技術とは，子育て支援（ソーシャルワーク）としての固有の援助方法を指す。つまり援助する際に必要な方法や，各種の技法である。この方法等については，第4章を参照されたい。

　2．専門的知識とは，子育て支援にまつわる公私の支援制度（社会福祉制度），歴史，理論，子どもを取り巻く環境内に関わる隣接科学に関する知識である。例えば，子どもに関わる心理学，教育学，保健学，栄養学，医学などが想定できる。これらは保育士養成課程のカリキュラムにおける諸科目をみると概観できる。

　3．援助者としての援助観，福祉観，倫理観とは，援助者としての援助を実際に行うときの倫理綱領である。守らないといけない利用者の人権であったり，援助の目標として設定される自己実現への援助の視座，自立，専門職としての援助者にとって必要は価値観などを指す。

　以上の3つの構造化された専門性を総合的に活用，駆使して，利用者の抱える生活上の諸問題やニーズに対して，生活を支えるための総合的支援を行っていくのである。

換言するならば，保育士を含む社会福祉専門職は，子ども（利用者）の生活と母親，父親等の家族および取り巻く人々等の生活に対して，その社会環境に存在する社会諸資源を活用して，子どもたちが抱える生活上の諸問題を解決したり，子どもたちの生活を「よりよい生活（well-being）」の状況へと支援を行うことである。

　以降の第7章からの事例において，それぞれの生活状況を個別化し，抱えている生活上の問題やニーズについて考えてもらいたい。その上で専門職としてなされる生活上のさまざまな支援について詳細に検討，考察していただきたい。そして第Ⅰ部の第1章から第5章までに戻っていただき，学びの反芻をしていただくことによって，学びはより深まると考える。

第7章 保育所における支援

1. 保育所における支援とは

　保育所における支援とは，どのようなものを指すのだろうか。

　保育所には，保育所を利用している保護者の支援やこれから保育所を利用したいと考えている地域の保護者等の支援も求められることがある。2017（平成29）年改定された保育所保育指針において，保育所における支援は，すべての子どもの健やかな育ちを実現できるように家庭と連携して支援していくとともに，保護者および地域が有する子育てを自ら実践する力の向上に資することが求められている。

　具体的に，保育所保育指針「第4章　子育て支援」より一部抜粋し，保育所における支援について考えてみよう。

保育所保育指針　第4章　子育て支援　より抜粋

1　保育所における子育て支援に関する基本的事項
　(1)　保育所の特性を生かした子育て支援
　　ア　保護者に対する子育て支援を行う際には，各地域や家庭の実態等を踏まえるとともに，保護者の気持ちを受け止め，相互の信頼関係を基本に，保護者の自己決定を尊重すること。
　　イ　保育及び子育てに関する知識や技術など，保育士等の専門性や，子どもが常に存在する環境など，保育所の特性を生かし，保護者が子どもの成長に気付き子育ての喜びを感じられるように努めること。
　(2)　子育て支援に関して留意すべき事項
　　ア　保護者に対する子育て支援における地域の関係機関等との連携及び協働を図り，保育所全体の体制構築に努めること。
　　イ　子どもの利益に反しない限りにおいて，保護者や子どものプライバシーを保護し，知り得た事柄の秘密を保持すること。

2　保育所を利用している保護者に対する子育て支援
　(1)　保護者との相互理解

ア　日常の保育に関連した様々な機会を活用し子どもの日々の様子の伝達や収集，保育所保育の意図の説明などを通じて，保護者との相互理解を図るよう努めること。
　イ　保育の活動に対する保護者の積極的な参加は，保護者の子育てを自ら実践する力の向上に寄与することから，これを促すこと。
(2) 保護者の状況に配慮した個別の支援
　ア　保護者の就労と子育ての両立等を支援するため，保護者の多様化した保育の需要に応じ，病児保育事業など多様な事業を実施する場合には，保護者の状況に配慮するとともに，子どもの福祉が尊重されるよう努め，子どもの生活の連続性を考慮すること。
　イ　子どもに障害や発達上の課題が見られる場合には，市町村や関係機関との連携及び協働を図りつつ，保護者に対する個別の支援を行うよう努めること。
　ウ　外国籍家庭など，特別な配慮を必要とする家庭の場合には，状況等に応じて個別の支援を行うよう努めること。
(3) 不適切な養育等が疑われる家庭への支援
　ア　保護者に育児不安等が見られる場合には，保護者の希望に応じて個別の支援を行うよう努めること。
　イ　保護者に不適切な養育等が疑われる場合には，市町村や関係機関と連携し，要保護児童対策地域協議会で検討するなど適切な対応を図ること。また，虐待が疑われる場合には，速やかに市町村又は児童相談所に通告し，適切な対応を図ること。

　上記の指針を読み解くと，保育所における支援は，保護者に対する支援であり，保護者とともに子どもの育ちを支える活動でもあるといえる。子どもの育ちを支えるために，保育士は保護者に対して受容的態度で接し，保護者の主体性と自己決定を尊重することが求められる。保護者一人ひとりの置かれている生活環境や人間関係，子どもに対する思いなどを受け止め，保護者の思いに寄り添うことが望まれる。また，保育所がすべての支援を担うのではなく，必要に応じて行政や児童相談所などの関係機関と連携し，協働していくことも求められている。
　それでは，「保育所における支援」について，事例を通して考えてみよう。

2．保護者（ママ友）の育ちを支える保育所の事例

(1) 事例のポイント
① 保護者の気持ちに寄り添い，受容的態度で臨む。
② 保護者一人ひとりのよさ（強み）をみつけ，集団の中に生かす。
③ 保護者たちをつなぎ，集団としての関わりを模索し，保育所ができることを考える。

(2) 事例の概要
　以下の事例は，いくつかの事例をおりまぜつつ，筆者が作成したものである。
　Y保育園は，静かな住宅街のなかにある90名定員の認可保育所である。0歳から6歳まで

が利用でき，延長保育も行っている。

K保育士は，0歳児クラス（めだか組）の担任である。複数担任制のため，K保育士のほかにも2名の保育士が配属され，めだか組の園児は9月現在8名が在籍している。8名の園児の内訳は，次の通りである。

園児名	性別	9月現在の年齢	兄弟姉妹の有無
A	女	1歳2か月	無
B	男	1歳3か月	無
C	女	1歳4か月	無
D	男	1歳5か月	有（兄　小学校1年）
E	男	1歳2か月	無
F	男	0歳10か月	有（姉5歳，兄4歳）
G	女	0歳8か月	無
H	女	0歳7か月	有（兄3歳）

ある日の降園時，めだか組の園児のひとりであるAちゃんの母親より，K保育士は相談を受けた。相談内容は，「はじめての子育てで何をするにしても自信がない。Aちゃんとほかのお友だちを比べてしまう。Aちゃんの育ちは遅くないだろうか」というものだった。K保育士は，母親の気持ちを受け止め，寄り添いながら，話を聴いた。母親は，Aちゃんの言葉や歩行，離乳食，排せつについてなど，さまざまなことを育児書やインターネットの情報をもとに参考にしていたが，まわりの情報に振り回されているようで，何を信じて，どのように育てればよいのか行き詰っているようだった。

K保育士はAちゃんの母親の悩みをきっかけに，めだか組の保護者に向けた支援として何ができるのかを考えてみることにした。

（3）事例の経過

K保育士は，Aちゃんの母親のように，はじめての子育てに戸惑う保護者がどれくらいいるのか，めだか組の保護者向けにアンケートを取ることにした。

【演習課題7-1】めだか組の保護者に対して，あなたならどのような質問項目を考えるだろうか。

K保育士は，保護者に向けて，子育ての不安や悩みを一緒に考えるためのアンケートを行うこととした。

【演習課題7-2】めだか組の保護者に向けたアンケート用紙を実際に作ってみよう。

アンケートを実施してみると，めだか組の保護者の中には，Aちゃんの母親と同様に子育てへの不安や悩みを抱えている者がいることがわかった。また，初めての子どもではないが，久

しぶりの育児に戸惑う保護者もいることがわかった。

　めだか組の保護者から得た育児に対する不安や思いを知ったK保育士は，主任保育士に相談した。主任保育士は，K保育士が保護者のために何か支援したいという思いを受け止めつつ，保育士として保護者の思いに寄り添うには，日常的な支援として何ができるのかを考えてみるよう提案した。

【演習課題7-3】 あなたがK保育士の立場であったら，めだか組の保護者に対して，日常的な支援として何ができるだろうか。あなたが思う日常的な支援を探してみよう。

　K保育士は，保育士として日常的に行っている支援を見直し，一人ひとりの保護者の思いに寄り添うことを意識して取り組むこととした。一人ひとりの保護者の思いに寄り添う中で，K保育士は保護者同士がお互いの育児に対する思いや不安を分かち合う機会も必要ではないかと考えるようになった。そこで，あらためて主任保育士に現在取り組んでいる支援内容を伝えつつ，めだか組の保護者同士がお互いに育児に対する思いや不安を共有し，保護者同士も育ち合う関係をつくることができないかと相談した。主任保育士は，園長に，K保育士の思いを伝え，めだか組の保護者がお互いに育ち合うためのプロジェクトを立ち上げたいと伝えた。園長は，K保育士や主任保育士の思いを受け止め，めだか組の保護者が育ち合うことは子どもたちの育ちにも大きく影響することとして，プロジェクトを進めるようにとの回答があった。

【演習課題7-4】 めだか組の保護者が育ち合うためのプロジェクトとして，どのような支援活動が考えられるだろうか。

【演習課題7-5】 上記の演習課題を通して,あなたが考えた支援活動をグループメンバー内で発表し,共有し合おう。そして,グループ内でひとつ具体的に支援が展開されるよう話し合ってみよう。話し合う際には,下記の項目を意識して話し合おう。

プロジェクト名
いつ?
どこで?
誰が?
誰に対して?
何を?
なぜ?
どのような方法で?
どのくらいの費用で?
どのくらいの期間?

K保育士は,主任保育士やめだか組の同僚たちとともに,保護者に向けたプロジェクトを考えてみることとした。保育士主導のプロジェクトとして展開するよりも,保護者同士が育ち合うことを意識し,めだか組の保護者にもプロジェクトに参画してもらうよう働きかけることとした。また,プロジェクトには,さまざまな関係機関とも連携協力を図ることができるよう,保育所がつながるであろう社会資源の整理も行うこととした。

【演習課題7-6】 先ほど考えたプロジェクトに,めだか組の保護者が参画するとするならば,どの園児の保護者に関わってもらうだろうか。保育所として参画依頼したい園児名をあげ,その理由も考えてみよう。

保護者に対して参画依頼したいと思う園児名
参画依頼をする理由・どのような参画を望むか

【演習課題7-7】 めだか組のプロジェクトを進めていく上で，グループ内で保護者一人ひとりの特徴を設定し，次のようにまとめてみよう。また，それを参考にしつつ，保護者一人ひとりがプロジェクトにどのように関わることができるのかも考えてみよう。

園児名　保護者の特徴（各グループで設定してみよう）

A

B

C

D

E

F

G

H

プロジェクトがどのように関わるかについては，登場人物をもとにエコマップなどを用いて図式化してみるとよい。

【演習課題7-8】 プロジェクトを進めていく中で，めだか組保護者同士のルールづくりも考えることとなった。あなたは，めだか組保護者に向けて，どのようなルールを伝えるだろうか。

1）あなた自身は，どのようなルールを考えるだろうか。

2）チームとして，めだか組は，どのようなルールを考えるだろうか。

3）保育所として，Y保育園は，どのようなルールを考えるだろうか。

K保育士とめだか組の保護者たちは，保育参観，個別面談や登園・降園時の時間を有効活用し，めだか組内で取り組むプロジェクトのために話し合った。話し合う中で，お互いの子育てに関する不安や悩みを共有し，その不安や悩みを解消する機会をみつけていくことができた。子育てに対する不安や悩みが消えていく中で，次第に笑顔も増え，保護者同士の会話も増えてきているようだった。子どもたちと共に育ちゆく保護者の姿を眺めつつ，K保育士は今回のプロジェクトを進めてきたことに充実感を味わっているようだった。

　保護者たちは，自分たちのために展開されたプロジェクトを広く保育所でも展開できるよう，プロジェクトの継続性を目標に，自分たちが主体的に活動していく道を模索し始めている。K保育士は，これからも保護者たちが進めていくプロジェクトを支えていきたいと考えている。

【演習課題7-9】　プロジェクトを継続していくために，必要な条件とは何だろうか。どのようにすれば，プロジェクトを続けることができるのか，考えてみよう。

第8章 地域の子育て家庭に対する支援

1. 保育所保育指針における地域の保護者等に対する子育て支援

　保育所には，地域の保護者からさまざまな相談が寄せられる。具体的には，育児に対するストレス，子育ての方法，孤立感，子育ての協力を得られない，子育ての疲労感，子どもの発達が気になる，しつけなど多種多様である。

　保育所において保育士は，上記のような多種多様な相談に対して，どのような対応が求められているのだろうか。

　それでは，まず，第7章の事例と同様に2017（平成29）年改定された保育所保育指針を確認してみよう。保育所保育指針の「第4章　子育て支援」において，地域の保護者等に対する支援は，以下の通りとされている。

保育所保育指針　第4章　子育て支援　より抜粋

3　地域の保護者等に対する子育て支援

(1) 地域に開かれた子育て支援

ア　保育所は，児童福祉法第48条の4の規定に基づき，その行う保育に支障がない限りにおいて，地域の実情や当該保育所の体制等を踏まえ，<u>地域の保護者等に対して，保育所保育の専門性を生かした子育て支援を積極的に行うよう努めること。</u>

イ　地域の子どもに対する一時預かり事業などの活動を行う際には，<u>一人一人の子どもの心身の状態などを考慮するとともに，日常の保育との関連に配慮するなど，柔軟に活動を展開できるようにすること。</u>

(2) 地域の関係機関等との連携

ア　<u>市町村の支援を得て，地域の関係機関等との積極的な連携及び協働を図るとともに，子育て支援に関する地域の人材と積極的に連携を図るよう努めること。</u>

イ　<u>地域の要保護児童への対応など，地域の子どもを巡る諸課題に対し，要保護児童対策地域協議会など関係機関等と連携及び協力して取り組むよう努めること。</u>

＊下線は2017年の改定箇所部分で筆者による

　これまでの保育所保育指針では，保育所が保護者の育児とその家族への支援を義務，あるい

は努力義務として，保育士による子育て支援が広がりをみせてきた。その内容は，地域の子育て拠点としての機能として，(1)子育て家庭への保育所機能の開放，(2)子育て等に関する相談や援助，(3)子育て家庭の交流の場の提供および交流の促進，(4)地域の子育て支援に関する情報の提供，(5)一時保育である。

それらと並行して，子ども・子育て支援新制度が始まり，公共施設や保育所，児童館等の地域の身近な場所における子育て支援や，NPO法人など地域子育て支援拠点事業による子育て支援が具体化し，展開されるようになっている。

2017（平成29）年の保育所保育指針の改定では，地域に開かれた保育所として，まず，保育所が地域に支えられていることを認識し，保育所保育の専門性を生かして地域に貢献することが強調されている。保育士には，保育所の在所児や保護者，あるいは地域の子育て家庭の子どもや保護者を区別することなく，保育所保育の専門性を生かして支援をしていくことが求められている。また，これまでの保育所保育指針では，地域の子育て家庭への支援の際，地域の関係機関の活用が示されていたが，保育の専門家として地域の関係機関との積極的な連携および協働が強調されている。

地域における子育て支援の基本的な枠組みは，量的におおむね整備をされた状況となり，今後は保育士による子育て支援の援助の質的部分がこれまで以上に問われることとなるだろう。

そして何よりも，保育士は多種多様な相談が寄せられる保護者にとって一番身近な専門家であることを，まずしっかりと認識しておく必要があろう。

それでは，「地域における子育て家庭への支援」について，事例を通して考えてみよう。

2．感情表出が苦手でひとりで悩みを抱え込む傾向のある地域の保護者の事例

（1）事例のポイント
① 保護者の語りをしっかりと聴き，受容，共感的理解を示しながら，寄り添う姿勢で臨む。
② 保護者は保護者なりに，精一杯，育児をがんばっていることを認め，労う。
③ 保護者自身では気付きにくい，保護者のうまくやれていることを伝える。
④ 地域の関係機関等との連携を視野に入れながら相談に対応する。

（2）事例の概要
以下の事例において，母親の発言を「　　」，M保育士の発言を〈　　〉とする。なお，事例については，いくつかの事例をおりまぜながら，筆者が作成したものである。

S保育所は，子育て支援センター"のびのびクラブ"を運営している。そこへ，Aちゃん（2歳）を連れて，母親は少し緊張したような様子で，はじめて"のびのびクラブ"へ来室した。

子育て支援センターの保育士であるM保育士が，母親に丁寧に優しく挨拶をするが，母親は

小さくうなづいて，小声で「おはようございます」と言い，部屋の片隅に移動した。

M保育士は，母親との距離感を確かめながら，母親に子育て支援センター"のびのびクラブ"の案内をし，話を聞いた。母親とAちゃんは，父親の転勤で全く知人のいないところへ引っ越しをしてきたとのことであった。母親はこれまで，営業職としてキャリアを重ねてきていたが，Aちゃんの出産を機会に，その仕事を育児休業中であることを語った。

数回の来室を経ても母親はほかの参加者と関わることが少なく，Aちゃんを部屋の片隅から見守るという感じで，なかなかほかの親子の遊びや子育て支援プログラムの輪の中に，積極的に入っていかないような状況であった。

M保育士は，一点気がかりなことがあった。それは，Aちゃんの服装が自分の体のサイズにあっていないものを着用していることである。

3度目の来室時に，Aちゃんの顔が赤く，熱があるような様子であったので，M保育士は病院を受診するように勧めたが，母親は「大丈夫です」とポツリとつぶやき，そのまま帰っていった。

その後，母親はAちゃんを連れて，月に1，2度"のびのびクラブ"へ来室するようになっていた。しかし，M保育士が母親に話しかけても，表情は乏しく，ほとんど自ら言葉を発することはなかった。

M保育士は，母親が子育てに何か不安があるのではないかと思いながら，母親の思いを尊重し，少し様子をみながら関わることにした。

（3）事例の経過

1） I 期　母親からのSOS

初めての来室から半年が経った頃，母親が眼を腫らして，ひどく疲れている様子で来室した。

M保育士は，〈お母さん，少し疲れているようですが…〉と伝えると，母親は，眼に涙を浮かべながら，「子育てがうまくいくようにはどうしたらいいですか。先生，もう私，疲れました」とうつむきながら，うっすら涙を浮かべつぶやくように言った。

数名の保護者が同じ部屋にいたので，M保育士は，〈もし，よろしければ，別のお部屋で少しお話を伺うことができますが，いかがでしょうか？〉と伝えると，母親は，「お願いします」と声を震わせながら言った。

M保育士は，別の保育スタッフにAちゃんと絵本の部屋で遊んでもらうようお願いをした。M保育士が母親を別室にご案内したところ，母親は入室したとたんに，これまでこらえていた思いがどっとあふれ出すように，涙が止まらない状態になった。

母親は小さな声を震わせながら，祖父母も遠方におり，子育ての協力をしてもらうことができない状況にあること，「最近，夫婦仲がうまくいっていないこともあって…」と語り，父親は仕事が忙しくなかなか自分の思いを理解してくれないこと，父親の休日に子どもの面倒をみてくれるようにお願いしたことはあるが，子育ては母親がすることで自分は仕事をして経済的に支えることが役割だという考え方で，子育てに協力をしてくれないことなど，父親への不満が語られた。M保育士は，〈お母さん，お父さんになかなか自分の思いをわかってもらえない

のは，本当につらいですね〉とお伝えすると，母親はうつむきながら，涙を流していた。
　M　〈子育てについて不安や心配なことがあれば，遠慮なくご相談くださいね。ここはお母
　　さんと一緒に子育てについて考えさせていただく場ですから〉
　母　「私は人見知りなところがあって，はじめての方とお話したりすることが苦手なんです」
　M　〈人見知りで，はじめての方とお話したりすることが苦手なのに，Aちゃんのために，
　　"のびのびクラブ"に来てくださったんですね。お母さん，苦手なところに行くのは勇気
　　がいりますし，なかなかできることじゃないと思います〉
　母　「ありがとうございます。また来てもいいですか？」（少し安心したような表情）
　M　〈もちろんです。Aちゃんとお母さんのこと，スタッフみんなでお待ちしていますよ〉
　別の保育スタッフと絵本の部屋で遊んでいたAちゃんが母親のところへ戻ってきた。Aちゃんは母親が泣いていることを察知して，一瞬驚いた様子であったが，すぐに母親の右足にひっついて母親に笑いかけていた。母親は，Aちゃんに黙ってほほえみ返して，その日は2人で帰っていった。

2）Ⅱ期　母親との関係性の構築

　その1週間後に，Aちゃんと母親は，再度"のびのびクラブ"へ来室した。
　母親は，「先生，この間はありがとうございました。少しだけお話してもよろしいですか？」と言い，M保育士は，〈もちろんですよ。お母さん〉と伝え，Aちゃんを別の保育スタッフと遊んでもらうようにお願いし，前回と同じように別室で話を伺うことにした。
　母親は，「子どもをうまく育てようと一生懸命自分なり努力はしているのですが，Aを育てることに自信がないです…」，「Aに対して，子育てがつらくて不安でどうしたらいいかわからなくなって…。（少し沈黙）時折，感情的になってしまって強い口調で怒ってしまうことがあって…。いけないことだとはわかってるんですけど，自分で自分のことをコントロールできなくなってしまって…」，「Aのことをかわいいとは思ってるんですが…。かわいいと思えないこともあって…。何か仕方なくAの最低限の世話をしているという感じで…。私は悪い母親だと思います」と自分を責めるような発言が見受けられた。
　<u>M保育士は，母親の子育てに対するつらい思いに対して寄り添いながら，母親の感情面に焦点を当てて可能な限り理解をしようと，うなづきながら受け止めていった。</u>①
　M保育士は，母親が語り終えたところで，〈お母さん，よくお話してくれましたね。他人にご自身のつらい思いをお話するにあたって本当に勇気がいったと思います〉と伝えると，母親は再び涙を流した。
　M　〈お母さんはAちゃんのことを真剣に向き合っておられると思います。Aちゃんのこと
　　を考えているからこそ，さまざまなことに悩まれているのではないかと思いますが，いか
　　がでしょうか〉
　母　「そうですね。自分なりに考えながら一生懸命，Aに関わっているつもりなんです。で
　　も，なかなか私のいうことをAは聞かなくて…。何か（子育てが）思い通りにいかなく
　　って…」
　母　「Aが2歳になってから，何でも自分でやりたがって…。靴を自分で履けないのに，私
　　が履かそうとすると，『イヤ，イヤ』と大きな声で怒り出すんです。そうなったら，こっ

ちは急いでるのに，何でよ，もうとなって…。それとか，私が作った夕飯を全部食べないこともあったりで…。私も何かイライラしてきて…」

M 〈特に急いでるときに，イヤイヤって言われたり，せっかくAちゃんのために一生懸命作った夕飯を食べてもらえないと，お母さんもイライラしちゃうことってありますよね。2歳の頃って，実は何でも自分でチャレンジしたがる時期でもあるんですよ。Aちゃんもちょうどその時期で，自分で何でもチャレンジしてがんばりたいっていう時期かもしれませんね。お母さんに支えてもらいながら，しっかりAちゃんが成長している証拠かもしれませんね〉

母親は，「そうなんですね。Aもがんばってるんですね…」と少しの間，沈黙する。M保育士は，母親が沈黙の中で自分自身のことを振り返っているような様子だったので，共にそばに寄り添い，その沈黙の時間を大切にし，待った。すると，母親は，「私の育った家庭が礼儀作法やルールを守れなかったとき，本当に厳しくて…。おもちゃを片付けないというだけで，頬をつねられたこともありました。将来，私が苦労しないようにと思ってだったとは思うんですけど。私もAに同じようにしていたかもしれません。まだ2歳なのに…」と自らの生い立ちについて振り返り，自らの気付きをM保育士に語った。

M 〈お母さん，本当に厳しく育てられて，つらい思いをされたのですね〉

母 「まだ2歳だと頭ではわかってるんですが，何かこのままではきちんとできない子になるんじゃないかって。だから，しっかりしつけをしないとと思って…。自分の不安をAにぶつけているかもしれないって思うときもあって，A，ごめんねって思うときもあるんですけど。感情的になってしまうことがあって」

M 〈お母さんが感情的になった後，Aちゃんはどうなりますか〉

母 「Aはそのまま黙ってしまって，その後，泣いて…。なんていうか，とても我慢をしているような感じにみえます」

M 〈お母さんは，Aちゃんのことを本当に大切に思ってらっしゃって，しっかり育てなきゃって思ってらっしゃることが伝わってきました。お母さんはお母さんなりに本当に一生懸命，子育てを頑張っておられますね〉

すると，母親は涙を浮かべながら，「はい」と言い，小さくうなづいた。少しの間，沈黙が続いた後，M保育士が，〈お母さん，ひとつ教えていただいてよろしいですか？ Aちゃんと関わるときに，感情的にならずにすんでるときってありますか？〉とたずねると，母親は，「そうですね，一緒に公園にお散歩に行ってるときは，2人とも自然にいられるときが多いように思います」と答えた。

M 〈お母さん，すごい！ うまくAちゃんと関われているときがあるんですね。ほかにはどうですか？〉

母 「そういえば，この間，スーパーでチョコレートを勝手に開けてしまったとき，そのときはあまり感情的にならずに，まだ2歳だから仕方ないかって思ったときがありました」

M 〈お母さん，すごいじゃないですか！ なかなかそんなにうまくできないですよ。お母さん，そのときどうやってうまくAちゃんに関われたんですか？〉

母 「なんででしょうか。いつもならイライラしていると思うんですけど…。前の日に主人

にAのことをお願いして，少しだけですけど前の職場の友人と会って，いろいろ話をしたからかなあ。それとAに『もう少しだけ待ってね』って言ったら，Aが大きな声で，『イヤ，イヤ』って言わなかったからかもしれないです。いつもなら，大声で『イヤ，イヤ』って言って私もイライラしてくるんですけど」

M 〈お母さん，すごい。自分で自分のことをよくわかってらっしゃるし，Aちゃんのこと，本当によく観察しておられますよね。なかなかできないことですよ〉（②）

母 「そうでしょうか。私がイライラして感情的になると，Aの『イヤ，イヤ』もひどくなるのかもしれません」

M 〈お母さんがイライラしてないときは，Aちゃんも『イヤ，イヤ』がひどくない可能性があるんですね〉

母 「何かうまくいってるときもあるみたいですね」（硬かった表情が少し緩む）

M 〈お母さんもお母さんになってから，まだ2歳ですから。2歳の子どもがうまくできないことがあって当たり前のように，お母さんもうまくできないことがあって当然だと思いますよ〉

母 「何かちゃんとしなきゃ，ちゃんとしなきゃってがんばりすぎてるのかもしれませんね，私…」（少し安心した表情となる）

ちょうど，時間になったので，M保育士は，〈お母さんさえよろしければ，いつでもご相談くださいね〉と伝えると，母親は，「ありがとうございます。また，ご相談させていただくことがあるかもしれませんが，そのときはよろしくお願いします」と言い，その日の相談は終了した。

別の保育スタッフと遊んでいたAちゃんのところへ母親を案内すると，Aちゃんは母親をみつけてすぐに，母親に抱っこをするようにせがむと，母親はそれにすぐに応え，Aちゃんを抱っこして，「A，楽しかった。（Aちゃんの笑っている姿を見て）よかったね」と語りかけていた。

3）Ⅲ期　地域の関係機関等との連携

母親の相談を受けてから1年が経った頃，母親とAちゃんは"のびのびクラブ"へ来室した際に，少しずつほかの保護者と交流をするようになった。そのようなある日，母親は，ほかの保護者や子どもとの交流を通して，Aちゃんの気になるところがあるので相談したいと申し出たため，別室で母親の話を伺うことになった。

Aは人見知りをすごくするときと，全くしないときの差があるような気がすること，Aは絵本の読み聞かせのときに，他の子どもはじっと座ってお話を真剣に聞いているのに，Aは一番先に動き出し，絵本を触りに行くことがあること，Aはほかの子と比べて周囲の空気が読めないような感じがすること，Aはひとり遊びのときに，話しかけても自分の世界に入り込んでいるような感じがするなど，母親の気になっている不安が語られた。

M保育士は，母親の気になることに対して傾聴しながら，〈お母さんが必要なときに，子どもの発達について相談できるところがありますが，ご紹介しましょうか？〉と言うと，母親は「そんなところがあるんですか。私みたいな感じでも行ってもいいんでしょうか？」と言った。M保育士は，〈全く大丈夫ですよ。ただ予約が必要になりますので，連絡先だけでもお伝えし

ましょうか？〉と伝えると，母親は，「全く知らない人とお話することも私，苦手なので…。どうしようかなあ…。先生，そこはいつでも行くことができるんでしょうか。もう少しだけ，Aの様子を見てみようかなとも思いますし…」と迷っている様子であった。

【演習課題8-1】 事例のⅠ期，Ⅱ期においてAちゃんの母親が子育てで困っていること，不安に思っていることは，どのようなことなのことかについて考えてみよう。

【演習課題8-2】 下線部（①）(p.61)のように保育者には保護者の立場に理解を深めるため，傾聴，受容，共感的理解の姿勢が求められる。この事例の場合，傾聴，受容，共感的理解がどのような意義があり，役割を果たしているのかについて考えてみよう。

【演習課題8-3】 下線部（②）(p.63)のように保育者が保護者自身では気付きにくいところ，保護者のうまくやれているところを伝えることによって，母親にどのような影響を及ぼしているのかについて考えてみよう。

【演習課題8-4】 子育て相談支援における地域の関係機関について具体的に調べてみよう。

　子育て支援をしていく上で，保育の専門家として地域の関係機関との積極的な連携および協働が求められている。積極的に関係機関との連携および協働をする際，関係機関の名称だけを知識のみで理解しているだけでは，十分な連携がなされない場合が多い。ここでは，実際に自分が居住している地域に，どのような関係機関があるのか，それはどこにあるのか，関係機関の業務内容はどのようなものかを具体的に調べて，まとめてみよう。

関係機関の名称　所在地・連絡先　業務内容
例）
○○こどもセンター　　○○市○○町２－４－９
電話　××－××××－××××　△△相談，△△指導，△△健診など

【演習課題8-5】 事例のⅢ期（p.63）のように，保育者が保護者に対して，地域の関係機関等を紹介する際の留意点について，考えてみよう。また，この事例の場合，どのような関係機関等に紹介をすることが望ましいか考えてみよう。

第9章 障がいのある子どもおよびその家庭に対する支援

1. 障がいのある子どもおよびその家庭を支援するために

(1) 障がいのある子どもおよびその家庭に対する支援の基本的考え方

　保育や子ども家庭福祉（児童福祉）におけるさまざまな支援現場では，常に障がいのある子どもとその家族への関わりが行われているものとしてとらえる必要がある。それは，保育所などで行われる障がいのある子どやその家庭への支援から，障害児施設をはじめとした専門機関で行われる保育者の支援などさまざまに展開されている。特に保育者は，そのような支援現場の中で日々直接子どもと関わり，子どもの障がいを理解し，それらを家族や関係機関につないでいく重要な役割を果たしている。保育者は，家族から子どもの障がいや発達について相談される機会も多く，その悩みや気持ちを受容していくこと，情報を提供すること，他の専門職や関係機関につなぐことなど多岐にわたる支援を行っている。また，障がいのある子どもへの支援は，保育者や1つの機関のみで行うことはできない。他の専門職や関係機関と協力しながらひとつの方向性を持って，家庭とともに支援を行っていくことが重要となる。

　そもそも，障がいのある子どもに対して実施される「発達支援」とは，「障がいの軽減・改善」という医学モデルの支援にとどまらず，地域・家庭での育ちや暮らしを支援する生活モデルの支援を重要な視点として持つ概念として位置付けられている[1]。それは，障がいのある子どもへのリハビリテーションや生活力の向上といった障がいの軽減や改善への努力だけではなく，障がいが確定しない段階の子どもも対象として，発達の基盤となる家族への支援や保育所等の地域機関への支援も視野に入れる広い概念である。つまり，障がいのある子どもやその可能性のある子どもが，地域で育つときに生じるさまざまな課題を解決していく努力のすべてを指しているのである。

　そこでは，子どもの自尊心や主体性を育てながら子どもの発達や生活力を培うための発達支援，障がいのある子どもの育児や発達の基盤である家庭生活への養育を支える家族支援，地域での健やかな育ちと成人期の豊かな生活が保障される地域支援が，常に一体的に提供される必要がある。これら発達支援，家族支援，地域支援は，子ども支援における不分離の原則として位置付けられている。またこの3原則に沿った取り組みは，医療・保健・福祉・心理・教育など他分野と連携を持って展開されていくものとして理解する必要がある。

(2) 障がいのある子どもへの支援の歩み―その概要

　1948(昭和23)年に施行された児童福祉法(昭和22年法律第164号)では、障がいのある子どもに対する支援が位置付けられ、その考え方が提示されている。同法は2016(平成28)年に大きな改正が行われたが、その第1条では、「全て児童は、児童の権利に関する条約の精神にのっとり、適切に養育されること、その生活を保障されること、愛され、保護されること、その心身の健やかな成長及び発達並びにその自立が図られることその他の福祉を等しく保障される権利を有する」と規定されている。また、第2条第1項においても、「全て国民は、児童が良好な環境において生まれ、かつ、社会のあらゆる分野において、児童の年齢及び発達の程度に応じて、その意見が尊重され、その最善の利益が優先して考慮され、心身ともに健やかに育成されるよう努めなければならない」と規定されている。障がいのある子どもも障がいのない子どもも共に、あらゆる育ちの場で子どもの発達が保障され、子ども本人の意思を尊重し、子どもの最善の利益に沿った支援がなされていくことが求められている。

　児童福祉法制定後、1970年代初頭までに重症心身障害児を含む障がいのある子どもの入所できる施設が制度に位置付けられた。またその頃からは通園施設の制度化が徐々に進んでいった。その後、2003(平成15)年度施行の支援費制度により障害分野においても措置制度が廃止され、2006(平成18)年度施行の「障害者自立支援法」にあわせて各種の制度の大きな改正が行われた。2008(平成20)年には厚生労働省の検討会が開催され、専門機関による保育所等への巡回支援の実施、通所・入所施設の再編・一元化としてそれまで障害種別で分かれていたサービスが医療型と福祉型という2つに整理され、通所施設は児童発達支援として位置付けられた。ほかにも放課後型のデイサービスの創設、障害児への相談支援(「障害児相談支援計画」の策定)、保育所等訪問支援などが位置付けられた。その後、2012(平成24)に「障害者自立支援法」は、「障害者の日常生活及び社会生活を総合的に支援するための法律」(略称：障害者総合支援法)と改正・改題され、2017(平成29)年の「障害者総合支援法」の改正においては、訪問型児童発達支援、入院施設での重度訪問介護利用、医療的な支援を必要とする医療的ケア児への支援の充実なども位置付けられた。

2. 重度の障がいのある子どもとその家庭への支援の事例

(1) 事例の概要とポイント

相談者：母Aさん　40歳、パートタイム労働、子育て不安・育児疲れで悩んでいる
家庭状況：夫　42歳、会社勤め、仕事が忙しく夜9時過ぎに帰宅
　　　　　長女S　9歳、小学校3年生、不登校
　　　　　次女K　5歳　身体障害と知的障害があり、福祉型児童発達支援B事業所とC保育所を利用

主訴：障がいのある次女への子育ての不安と不登校の長女への対応
ポイント　レスパイトケア　障がいの受容、療育、きょうだい支援、他機関連携

（2）相談の経緯と内容

　市保健センターにあるA療育相談室に来所した母親Aさんは，長女9歳小学3年生と障がいのある次女5歳を抱えるお母さんで，2人の子どもの子育てについて不安を吐露した。主な相談内容は，障がいのある次女の子育てと長女の不登校についてであった。

　障がいのある5歳次女Kは，脳性麻痺*，てんかん，下肢麻痺（車椅子利用），筋緊張，嚥下障害，知的障害などさまざまな支援を必要とする子どもで，現在は週に3回の福祉型児童発達支援と週に2回の保育所利用をしているとのことであった。父親は仕事が夜遅く，母親がパートタイム労働をしながら子育てをしており，子育て疲れが体力的にも精神的にも限界にきているようであった。最近は，長女が不登校になっており，その対応にも苦慮しているようで，「もう限界」「疲れました」「だめな母親なんです」という言葉が多く聞かれた。また，母親Aさんは，次女の出産に対して，自分を責めており，出産時にもっと早く対応すべきだったこと，妊娠中に自分が食事を取れなかったこと，ぎりぎりまで仕事をしていたことなどを涙ながらに後悔し，話していた。

　　* 脳性麻痺（のうせいまひ）：妊娠中から生後1か月の間に乳児に起こった脳損傷が「運動麻痺（うんどうまひ）」となった場合をいう。脳性麻痺は，身体障害の肢体不自由における「乳幼児期以前の脳病変による運動機能に関する障害」と規定されており，知的障害は含まれない。脳の障害であるため，知的障害を合併していることもあるが，知的障害を伴わない脳性麻痺児もたくさんいる。脳性麻痺の原因としては，妊娠出産時の低酸素性脳症が指摘されるが，その割合は15％程度といわれている。難産であったり，未熟児であったりすることが，脳性麻痺の発生と関連はあるが，全く問題ない出産でも，脳性麻痺になることも少なくない。

1）次女の出産

　出産予定日の1週間ほど前に，お産の前に羊水が流出する「前期破水」が起きたため，救急車で病院へ行き，すぐに陣痛誘発剤を使って出産のための処置が開始される。しかし，陣痛が安定せず，5時間ほど経過したところで胎児心拍数もどんどんと下がっていく危険な状態となる。医師は，緊急帝王切開が必要と判断し，帝王切開で出産するものの胎児は仮死状態で生まれる。その後，胎児の一命は取りとめるものの担当医から重症新生児仮死による低酸素性虚血性脳症と診断され，脳性麻痺があることがわかる。母親は，当初出産後ショック状態となり，毎日泣いている状況で何も考えられず，食事も取れなかったという。退院してからも，子どもと向き合うことが苦痛で，施設に預けたいと考えたり，一緒に死ぬことも考えていたとのこと。夫や長女の存在もあり，なんとか立ち直れたがいまも不意に悲しくなり，涙が止まらなくなり，フラッシュバックのように出産時の風景が蘇るようである。

2）生活歴および生活状況

　次女Kは，3か月の入院期間後，すぐに重症心身障害児の外来受診に通い，医療的ケアやリハビリテーションを受けるようになる。1歳児からは，週に1，2回医療型児童発達支援に通所し，3歳児になったときに母親の強い思いから長女の通っていたC保育所の利用を開始し，家の近くにあるB福祉型児童発達支援に通所先を変更する。経済的には，夫は就労しているものの福祉や医療にかかるお金も多いため，母親は週に5日午前10時から午後3時まで近くのスーパーでパートを始める。夫婦仲はよく，夫も休日には次女の介助や遊び相手もしてくれているが，毎日の次女の送迎，食事介助，排せつ，入浴，清拭，着替えといった関わりは膨大で

あり，母親は笑顔も少なくなり，疲れ切っている状態となっている。長女Ｓは，いつも明るく次女へ話しかけたり，髪の手入れをしてやったり，食事のあと片付けを手伝ったりと家族思いの優しい子どもである。

次女Ｋは，身体的な介助やてんかんへの心配があるものの徐々に成長しているようで，楽しいことには声をあげたり，笑顔も見られるようになってきている。特に音楽が好きなようで大好きな音楽がかかると上半身を揺らして，楽しむ姿も見られる。

3）長女の不登校の状況

長女Ｓが小学校3年生になると，1学期の途中から朝にお腹が痛いといった理由から，学校を休むことが増えていく。どうやら同級生の男の子から妹に障がいがあることをからかわれたようで，学校へ行くのが嫌になった様子である。すぐに担任から当該男子児童およびその保護者へ対応がなされたようであるが，不登校の状況は2学期になりさらに深刻になっていった。女の子の友だちが心配して，プリントや授業のノートを持ってきてくれるものの1週間続けて学校へ通うことはほとんどなくなっていた。学校を休んでいるときは，家でひとり留守番をするか，近所に住む母方の祖母が一緒に過ごしてくれているとのことである。ただ，次女の保育所に行くのは好きなようで，小学校は休んでいても夕方に母親と妹のお迎えに一緒にいくこともある。

（3）支援の検討

相談を受けＡ療育相談室では，まず次女Ｋの利用している福祉型児童発達支援のＢ事業所に連絡を取った。Ｂ事業所でも母親の子育ての負担感が気になっており，Ｄ障害児計画相談事業所の相談員とも話をしていたところだったということがわかる。また，最近は福祉型児童発達支援のＢ事業所とＣ保育所とで情報共有があまりできておらず，母親を通じてＣ保育所の様子を聞く程度になっているということがわかる。そこで，Ａ療育相談室では福祉型児童発達支援Ｂ事業所とＣ保育所，Ｄ障害児計画相談事業所とで次女Ｋおよび家族への支援を検討することとした。

障がいのある子どもの相談支援を実施している機関では，その機能として以下のような4つの相談理由への対応があり，それぞれの相談機関によってその特徴は分かれている。

　①　障がいの疑いや障がいの診断という中で相談を必要とする場合
　②　子どもに障がいがある中で，どのような関わりや支援をしたらよいのかという相談支援
　③　福祉サービスの利用や生活支援への情報提供を求める相談支援
　④　障がいのある子どもの子育てや生活への悩みや不安

例えば，①の障がいの診断を必要とするような場合は，療育センター，医療機関，児童相談所など，②のような子どもへの関わりについての相談であれば障害児の福祉サービス機関，発達障害者支援センターなど，③のようなサービス利用の相談であれば，障害児相談支援事業所，市役所や福祉事務所の障害児支援の窓口など，④の子育て不安などの相談であれば子育て世代包括支援センターや保健センターの相談窓口など，それぞれの障害児支援の相談窓口の特徴は異なっているといえる。

本事例で特に重要になってくることは，母親の気持ちや苦労していることへの共感とわが子

の障がいを受容することの難しさについて理解することである。母親へ相談支援を行う際の関わりのポイントとして，子育てに疲れている母親に少しでも自信を持ってもらったり，前向きになってもらうような関わりが重要である。常に母親への共感の気持ちを持って対応をしていく必要がある。そのようなことを踏まえて，以下の演習課題に取り組んでみよう。

【演習課題9-1】 地域内で実際に障がいのある子どもの相談支援を実施している社会資源を知るため，インターネットなども利用して，自分たちの市町村や地域にある障害児の相談支援ができるところや障害児支援の行われている事業所（施設）について調べてみよう。
（例，○○市保健センターの○○相談窓口，○○障害児支援センター，○○療育センター，○○子育て世代包括支援センター，○○発達障害者支援センター，○○障害児相談支援事業所など）

【演習課題9-2】 今後の支援として，この事例ではどのような支援を展開すべきだろうか。実際の支援をさまざまな角度から検討するため，母親Aさん，次女K，長女Sおよび家族への支援を分けて考えてみよう。
　① 今後，療育相談室では母親への相談支援としてどのような対応をしていくべきだろうか。
　② 次女Kへの支援として，今後どのような対応が必要だろうか。サービス利用や関係機関の連携，具体的な療育や保育の支援方法から考えてみよう。
　③ 長女Sや家族への支援として，今後どのような対応が必要だろうか。
　ここではさまざまにある具体的な障害児サービスや支援をニーズに合わせて，提供することを検討しよう。そのためには，制度の理解や地域の実施の実態を把握することが重要となる。

（4）実際の支援展開

A療育相談室の声かけにより複数の支援事業所が集まり支援の検討が行われた。その中で以下の支援の方向性が出され，具体的な支援展開が行われた。

1）支援の方向性

① 母親Aさんに対してレスパイトケアを行うことを優先的に考え，D障害児計画相談事業所を中心に次女Kの福祉サービスの見直しを行う。
② 母親との相談支援において，母親への励ましやねぎらい，共感をしっかり行うこと。子どもの小さな成長に対して確認し，共感しながら母親と関わる。
③ 長女Sの不登校については，祖母の手を借りたり，次女Kの福祉サービスを増やすことで，次女にかかりきりであった母親Aと忙しい父親に長女と遊ぶ時間を増やしてもらう。また，家族の状況について小学校とも共有していく。

2）具体的な支援

① 次女Kの福祉サービスの見直し
- 月に2回ほどの短期入所（ショートステイ）を福祉型障害児入所施設で利用する。
- 日中一時支援事業を週に3回利用している福祉型児童発達支援の通所後に利用し，午後7時近くまでKを預かってもらう。
- 福祉型児童発達支援のB事業所とC保育所とで支援や保育の内容について情報共有を行い，Kに対する支援がひとつの方向性を持って展開できるようにする。

② 母親への相談支援時の関わり
- A療育相談室で実施している相談支援については今後も継続して行っていく。また母親の希望に応じて訪問型の相談支援も実施する。
- A療育相談室やD障害児計画相談事業所は，相談支援実施の際に母親への励ましやねぎらい，共感をしっかり行う。
- 福祉型児童発達支援のB事業所やC保育所は，母親の送り迎えの際や連絡帳などで，次女Kの成長や個性などプラスの側面を積極的に伝えていく。

③ 長女Sや家族への支援
- 祖母とも相談の場を持つ。祖母に母親Aさんの育児疲れの状況を理解してもらい，家事などのお手伝いをお願いする。
- 父親へもSとの関わりのバランスを意識してもらう。
- 小学校と相談支援事業所が情報共有していくことを両親にも了承してもらう。
- 長女Sの妹思いの気持ちや家事を手伝ってくれていることなどに対して，さまざまな場面で評価を行っていく。
- 母親に脳性麻痺の子どもの家族会や障害児（者）親の会の紹介を行う。

（5）その後のAさんと家族

D障害児計画相談事業所を通じて，次女Kの障害児計画相談支援について見直しが行われ，短期入所（ショートステイ）と日中一時支援事業を利用することとなった。当初，母親は施設での短期入所利用には抵抗があったものの，D相談事業所とともに施設を見学し，障がいに合

わせた遊びのスペースやスヌーズレン*の支援環境を知り，短期入所利用を決断した。

　Aさんは，週に3日夕方遅くまで日中一次支援でKを預かってもらえることになり，夕飯の支度が行いやすくなり，長女と話す時間も増えていったようであった。また，Kが短期入所を利用している際には，長女と買い物に出かけ，久しぶりに自分の洋服を選ぶために試着をしたと喜んでいた。周囲からの励ましやねぎらい，Kの成長を聞かされる機会も多くなり，自分の子育てについて前向きにとらえられるようになってきたようであった。親の会を通じて，障がいのある子どもを持つ親御さんともつながり，悩みを話したり，情報を交換したりと支え合える友人もできたようである。母親や父親の長女への関わりが増えることで長女の不安感も減少していったようで，不登校も3学期には自然となくなっていった。自分の通っていた大好きな保育所で，妹思いの優しい姉であることをほめられたことが，とても嬉しかったようである。

　＊　スヌーズレン：さまざまな感覚刺激のある空間を用いて多感覚刺激を行い，ゆったりとした時間やリラクゼーション活動を提供する手段をいう。

　福祉型児童発達支援のB事業所とC保育所は，月に一度定期的に次女Kへの支援について，情報を共有するようになった。このことにより，言語，運動機能，感覚器官，人間関係といったさまざまな発達支援について，お互い共通の支援段階を意識することができるようになっていた。また，C保育所ではB事業所から教わった，拘縮(こうしゅく)を和らげることやリラックスを目的としたストレッチを朝Kに保育士が実施するようになるなど支援技術の交流もされるようになった。

3．事例から学ぶ障がいのある子どもおよびその家庭への支援のポイント

（1）ストレングス視点を生かした支援と障がい受容への配慮

　以上の事例においてまず重要になってくることは，母親Aさんへの相談支援時の対応である。子育てに疲れ切って，自分を「だめな母親」と責めている母親に対し，共感や励ましを通して少しでも気持ちを前向きにしていくような試みが大切である。そこでは，母親や次女Kのストレングスを重視した対応を行うこと必要となってくる。ストレングスとは，本人や生活上の課題を中心とした支援ではなく，本人の心理的，身体的，情緒的，社会的，精神的なあらゆる面のプラスの側面に焦点を当て，支援するというものである。その支援とは，潜在的な力，環境や周囲の人，思い，将来などを重視し，それを相談者に伝えていくことである。母親の子育てやKに対する強い思いや努力，Kの成長，父親やSの存在など母親Aさんは，たくさんのストレングスを有している。それらをしっかり支援者が伝えることが重要である。

　また，母親が子どもと向き合うことが苦痛で不意に悲しくなるといった精神状態についても理解をしていくことが重要である。親がわが子の障がいを受容する段階として，ショック期，否定期・否認期，悲しみ・怒りおよび不安期，適応，再起といった5段階があるといわれている。しかし，実際の親はその段階を行ったり来たりすることも多く，また慢性的悲哀という感情を常に抱えていることもある。そういった親の感情の浮き沈みに対して，常に誰かが心理的支援をしていける環境が重要である。家族だけではなく，相談機関や障がいのある子どもを抱

える親とのつながりの中で，そのような環境をつくっていく必要がある。

（2）レスパイトケア

　子育てに疲れている状態の母親に対して，レスパイトケアとして少しでも休んでもらう時間や気分転換を図ることができるような場面をつくることが重要である。短期入所や日中一時支援の活用を行い，少しでも子育ての大変さから離れほっとできたり，リフレッシュできることが大切である。そうすることにより，母親が子育てに向かう力を蓄えることができ，子育て疲れの軽減につながっていく。

（3）関係機関との連携

　本事例においてもたくさんの関係機関が支援にあたっていることがわかるであろう。それぞれの把握している情報を共有し，支援の方向性について共通理解を行い，役割分担をしていくことが大切である。ただ，情報共有する際には個人情報への配慮も重要である。個人情報を共有する場合，必要となってくることは以下の3原則のいずれかが満たされていることである。
　① 匿名化による情報提供
　② 本人同意による情報提供
　③ オプトアウトの活用

　オプトアウトとは，あらかじめ本人に情報が共有される範囲，内容を事前通知し，本人が常にその情報を確認できること（情報公開），本人の求めにより情報の共有を止めることができること（情報停止）である。

　各専門機関が，積極的につながり合うことでダブルケア，トリプルケアといった複合的な生活課題に対して対応が可能となり，家族全体の支援につながっていくこととなる。また，専門機関がつながり合うことから，本事例のように技術や知識が共有されて高い支援に結び付く効果も期待される。

引用・参考文献
1）発達支援の指針（CDS-JAPAN）2016年改訂版，全国児童発達支援協議会，2016

第10章 特別な配慮を要する子どもおよびその家庭に対する支援

1. 特別な配慮を要する子どもについて

　特別な配慮を要する子どもとは，具体的に考えるとどのような子どもを指すか。辞書では配慮とは，「心をくばること。他人や他の事のために気をつかうこと」[1]とある。

　2017（平成29）年改定保育所保育指針では「子どもの発達について理解し，一人一人の発達過程に応じて保育すること。その際，子どもの個人差に十分配慮すること」とあり，子ども一人ひとりの育ちについて，個別化し，その子どもの発達過程と個人差に十分配慮して，子どもの実態に即して保育を行うことが求められているといえる。このことからもすべての子どもに対しての十分な配慮を持って保育という行為が実際に行われるのである。

　その上での"特別な配慮"を要する子どもについては，以下の2点の要因が考えられる。第1点は，子どもの発達過程や個人差としてとらえられる"育ち"の状況だけでなく，障がいや疾病等のその子ども本人自身の状況により，日常生活上になんらかの配慮を要する場合がある。2点目には，その子どもを取り巻く環境上の要因で，例えば，その家庭での貧困問題である場合や，虐待や親，保護者による養育環境上の要因であったり，言語，文化等が異なり，突然日本の環境の中で日常生活をしなければならない場合などの子どもを取り巻く環境上の要件などによって，配慮を要する状況がある場合であると考えることができる。

2. 自閉的傾向のある子どもへの初期段階からのアプローチ －子育て支援の専門職との関わりの事例

（1）事例のポイント

① Tくんの状況
② 家庭の状況の把握
③ Tくんのできることへの支援とその評価
④ 母親・父親への専門職としての支援

（2）事例の概要

〈家族状況〉

父	S（姓）	A	38歳	商社に勤務
母		M	36歳	専業主婦
姉		H	9歳	小学校3年生
本児		T	3歳	

　父は，まじめな性格。商社に勤務しており，仕事が忙しく，東南アジアへの出張が多く不在時が多い。母は，父が不在の時が多いために育児は一手に担っている。母もまじめでおとなしい性格である。父母とも北海道の出身であり，父母両方の両親はすでに他界し，親戚も多くは北海道に居住しており疎遠である。

　本児が1歳になるまでは，大阪市内のマンションに居住していたが，現在では大阪府下の住宅街での一軒家に居住。姉のHのママ友が若干いるだけで，ほとんど知り合いはない。

（3）事例の経過

　本児は，在胎40週，通常分娩で出産。1歳6か月健診にて，「ママー，ブーブー」などの意味あることが出ていない。応答の指さしがない。食べ物への偏食がかなりあり，気持ちが向かないと食べない。無理に食べさせようとすると奇声を発してパニックになる。これらの状況がみられたため，そのとき保健師より，1歳6か月健診後のフォローグループへの参加を進められるが母親は拒否する。

　2歳になり，言葉の遅れがだんだんと気になりだしてきた。電車に乗っているときに本人がぐずりだすと，母親はすぐにスマートフォンを本児に渡し，気に入っているソフトの画像を見ていると落ち着くようである。

　父親に相談するが，育児は母に任せている。子育てには一切何も言わない。

　姉の成長の状況と比較すると，あまりにも言葉が遅いことが気になりだし，個人の差と思っていたが，心配になり保健所に一度電話をしてみた。保健所では，住居地域ごとに担当の保健師がいる。保健所で最初に電話に出た事務職が，保健所が地区担当制になっていることを母に伝え，担当地区と母の氏名を聞き，B担当保健師（以下，会話の中では「師」とする）と電話を替わった。以前本児が生まれたときに自宅に訪問してくれた保健師であった。

1）電話相談の場面

　師　「こんにちは，地区担当の保健師のBです。どのようなご用件ですか」

　母　「子どものTがご飯を偏食があってあまり食べないので…心配になって…」

　師　「Tくんですね。ご飯を食べないのですね」

　母　「はい。あまりに食べないので心配になって…」

　師　「そうなんですね。では保健所にお越しいただけますか？　一度お会いして，Tくんの状況も見た上でお話しできればと思うのですが，保健所に来ることはできますか」

　母　「はい，お姉ちゃんが昼からは小学校から帰ってくるので，午前中でしたら，いつでも」

　師　「お姉ちゃんが小学校から帰ってくるまでの間ですね。では，来週木曜日の午前中で，午前10時頃はいかがですか。できたら母子手帳をお持ちくださいね」

母 「はい　わかりました。では，来週の木曜日午前10時に行きます」
師 「はい，ではお待ちしています。ごきげんよう」

2）保健所での様子

　木曜日の午前10時，保健所で担当のB保健師との面談。玄関を入り，カウンターへ母親が向かう。

母 「すみません。保健師のBさんいらっしゃいますか」
カウンター受付の保健師 「こんにちは。少々お待ちください。今すぐB保健師を呼んでまいります」
　すぐにB保健師が出てくる。
師 「こんにちは，Sさんですね」と笑顔で対応，奥の相談室へ案内する。
母 「こんにちは，あのー，電話でもお伝えしましたがTの食事の件なのですが，ご飯のみを食べるだけでおかずは全く食べません。先日はそのごはんも嫌がって，すぐに茶碗ごと下におとしてしまうのです…」
師 「そうなんですか，お茶碗ごと落としてしまわれたのですね」
母 「本当にこの子！　ご飯なかなか食べなくて，好き嫌いも多くて困っているのです」
師 「ご飯以外のものは食べますか」
母 「好きなマンガのキャラクターのお菓子類は食べます」
師 「お菓子は食べるのですね。キャラクターのものはね。では，こちらで身長と体重を測りましょうか。どれどれ」と言って，母とTくんを身長計の方へ案内する。
　B保健師が身長を測ろうとするが，母が何も言わず無言でTくんを抱きかかえて，身長計に乗せたので，Tくんはそのことを嫌がり，「いやー！　きー！」と奇声をあげて拒否した。
母 「T，ちゃんとしなさい！」ときつい口調で叱った。
師 「いやだったんだね。では，おかあさん，母子手帳持っていますか」
　1歳6か月健診時の記録を見て，
師 「そうですね。1歳6か月の時は，少し小さいかなというところで，正常範囲の下の方ですね」
母 「健診のときにはそのように言われました」
師 「ところで，Tくんはどんなことをして遊ぶのが好きなのかな」と聞くと，
母 「一人で，いつも決まった電車を持って遊んでいます」
師 「そうなんですね。公園へは行ってますか。他の子と一緒に遊んでいますか？」
母 「この子はひとりで遊ぶのが好きなようで，一緒に遊ぶことはありません」
師 「今日ちょうど保健所のプレイルームがあり，市の児童発達支援センターのC保育士さんが来られて，遊び教室をやっているのですよ。ちょっと覗いてみませんか？　そこにはいろんなおもちゃがあるからね」
　母とB保健師とTくんと3人でプレイルームへ移動する。そこでC保育士（以下，会話では「保」とする）がTくんと遊ぶ場面ができた。
保 「こんにちは。お母さん，初めまして児童発達支援センターのぞみ園の保育士のCです」とほほえみながら挨拶した。

母 「こんにちは，Sです」

師 「こちら保育士のCさん。このお子さんは，Tくんといいます。食事が進まないからとお母さんが心配されて，来所されました。少しお母さんと話をする間，Tくんをお願いできないかしら」

保 「はいわかりました」と言ってTくんとおもちゃの棚の方へ。Tくんは，おもちゃ棚の中段にあった大好きな電車を見つけて，その棚に向かって走り出した。その走っている様子は非常に幼い進み方で，途中でつまずきそうになった。

保 「Tくんこの電車が好きなんや，電車走るかな」と言いつつ，Tくんの行動を観察した。

この間，母は，B保健師と家庭でのTくんの日常生活の様子を聞き取った。それによれば，普段はほとんど自宅内で，好きな電車をひとりで動かすかスマホの動画を見て過ごしていた。

母 「奇声をあげて手が付けられないことが時々ある。普段はおとなしくあまりしゃべらないのです。気持ちがいいときは笑顔を見せることもありますが…。買い物に行ってもちょっと目を離すと，ひとりで店内をウロウロし，動きのあるものを見つけると，どんどんそちらの方に向かっていき，迷子になることがあります。ちょっとの時間でも目を離すとどこに行くかわからないので，気が休まるときがありません」とのことであった。

Tくんは，電車を手に取るなり，そこにうつ伏せになり，じゅうたんに顔をつけて，電車を右手でにぎり，前後に動かしながら遊んでいた。

保 「Tくんはそうやって遊ぶのが好きなんや」と言う。

同じ種類のよく似た電車を探してきて，Tくんの横に置いてみた。ちらっとそちらの方に気を向けたが，気に入っているその電車を離そうとはしなかった。そしてC保育士は，Tくんに好きな電車に似たようなおもちゃをたくさん出してきて，Tくんに常に声かけをしながら，1つ渡してみた。すると1つのものに固執して遊ぶT君が，他のおもちゃにも興味を示すように手に取った。C保育士が母親に向かって「ほらTくん，おもちゃ手に取ったね！」とほほえみながら母とB保健師の方を向いた。

B保健師は，その様子を見ると，一度Tくんの状況を専門の医師に相談してみてはどうかと切り出した。今の2歳となっているTくんの状況では，言葉，社会性の面で気になる点があることを説明する。それを聞いた母親は，自宅でのTくんの様子には，ほとほと困っている様子で，公園に連れて行ってもほかの子どもとも関わりがなく，遊びも一辺倒であり，同じことばかりしているという。目の前でC保育士とTくんとが遊んでいる様子を見て，決心した。その後B保健師は，児童相談所の嘱託医でもあり，市の児童発達支援センターの診療所の医師に診察してもらい，食事のこと，今の状況全般について相談することを勧めた。母親も父に相談してみることを約束し帰宅した。

一週間後，母親からB保健師に電話。父親に相談したが，そんなことする必要はない，Tの個性だということで，相談にならなかったことを伝えられ，診察を受けることは拒否された。しかしながら食事のこと，ほかの子どもと遊ぶことなどについて相談していけるように，週1回の通所で行っている1歳6か月健診後のフォローをするグループである"あひる親子遊び教室"への見学については承諾した。

【演習課題10-1】 母親の気持ちの変化と父親の気持ちについて考えてみよう。

3）あひる親子遊び教室での様子

　母とTくんとで親子遊び教室をやっている保健所のプレイルームを訪問した。1歳6か月健診で気になる子どもとその母親とが一緒に参加し，保育士数人と，一緒に遊んだり，母親の相談をその場で行ったりしている教室である。

　通常は，自由に親子で遊んでいるが，月に1回は，設定遊びとしてテーマを決めてお絵かきをしたり，折りたたみスロープ遊びやトランポリン，ハンモックなどのダイナミックな運動遊びを行っている。その日は，自由遊びで，子どもたちは思い思いにおもちゃを出して遊んでいる。皆，ほかの子どもたちとの子ども同士での関わりは非常に少ない。Tくんもほかの子どもとの遊びの共有は全くない。ひとりで部屋の隅で自分の好きな電車のおもちゃを手に持って前後に動かしている。ほかの子どもがTくんの持っているおもちゃを取ろうとしたときは，すぐに手放して部屋の隅で，同じような電車のおもちゃを探して遊んでいる。ほかの子どもがそのおもちゃを手放すと，すぐにTくんは，そのおもちゃを手に取ってまた遊びだしていた。そのときE保育士は，「お母さん，Tくん，よく周りを見てるね」と笑顔で母親に話かけた。母はTくんのそのような行動を初めて見た。E保育士のように周りに関心を持っているという見方をしたことがなかった。

　帰り際に，E保育士から「お母さん。また遊びにきてくださいね」と声をかけ，母親も同意して，通所することとなった。

　そのような状況が続く中で，母親はだんだんとTくんの状況に不安を覚えてきて，親子遊び教室の母親担当のE保育士に，「Tは，なぜほかの子と一緒に遊ばないのか」，「おむつのこと，ご飯のこと，言葉のこととなど，気になって仕方がないことが多すぎる。Tのどこがどうなっているのですか」など，母親の心配事をさまざま相談するようになってきていた。E保育士は，ひたすら母親の話を真剣に聞き，Tくんの状況について丁寧にそして母親が理解できるように説明し，時には一緒に考えることで対応した。同じように通っているほかの母親が，子どもについての悩みごとをE保育士に相談している様子を見て，その母親が児童発達支援センター診療所の医師の診察を受けることについて相談をはじめ，それを共に聞く中で，Tくんの母親もだんだんとTくんのことで児童発達支援センターの医師の診察がどのようなもので，ど

のように相談してよいのかについて，E保育士に相談してくるようになった。E保育士は終始，母親の相談に真摯に向き合い，丁寧に答えた。

E保育士に対して母親から，「父親にTくんの現状と診察について話をしてほしいので，一度家庭訪問をしてもらえないか」という依頼があった。E保育士は，1人ではなく，療育センターのソーシャルワーカー（SW）とともに訪問することを提案し，母も了承した。

【演習課題10-2】 E保育士は母親に対してどのような支援をしているか考えてみよう。

4）家庭訪問

訪問時，E保育士はTくんとの関わりを担当し，その様子を見ながらTくんの状況について説明をし，Tくんに今何が必要であるかについて，ソーシャルワーカー（SW）が説明をする。その際，医師の診察と児童発達支援センターについては，できるだけ具体的に説明をした。その上で母親，父親の意見を聞いた。

父 「Tの状況について，お姉ちゃんのときと比べていろんなことで遅いところがあることはわかっていた。そのうちに追いついていくであろうと思っていた」

母 「Tのことを考えると，なんとかしたい」という気持ちになってきていることを打ち明ける。「お姉ちゃんと比べるとたしかに遅れているということはわかる。しかし私自身が，Tのことでわからないことばかりで，どうしてよいかわからない。とにかくなんとかしたいという気持ちになってきた…」と母親の気持ちを語りだした。

父 「妻の様子を見ていると，私も不安になり，なんとかしてやりたいという気持ちになってきますが，Tのために何をどうしたらよいのかが全くわからないんですよ…」

SW 「お母さんのお気持ち，お父さんのお気持ちは，Tくんの状況を少しでもよくしていきたいと思っておられるのですね。Tくんがみんなとともに仲良く，楽しく生活していけるように，どのしていけばよいのかについて，私たちも一緒に考えていきたく思います。どうでしょうか」

父母はソーシャルワーカーの話を聞き，児童発達支援センターの専門職の人たちも一緒にTくんのことを考えてくれるということを聞き，それではと診療所の診察の受診を承諾した。

5）診療所医師の診察受診

父親，母親同伴で，Tくんの診察のために児童発達支援センター診療所に来所する。

医師の診断としては，発達状況のばらつきがあり，自閉的傾向と発達の遅れ（疑い）があり，要観察とされた。そして児童発達支援センターでの通園療育が適当であると判断された。ソーシャルワーカーからドクターの診察の説明があり，通園療育を受ける中で，Tくんの状態を把握し，まずは基本的生活習慣の確立と集団生活への適応訓練などを目的とした支援内容となった。父母は，Tくんの医療的診断を聞き，まだまだわからないことが多々あったが，Tくんのためになることと前向きにとらえて児童発達支援センターへの通所することを了承した。

6）児童発達支援センターでの療育

Tくんは，およそ同年代（2～3歳）の子どものクラス（はと組）で通園することとなった。年齢が低いこともあり，新しい環境に慣れることが大事として，無理なく通園して療育を受けるように週3日での登園をすることになった。

はと組は，保育士5人，看護師1人，訓練士〔理学療法士（PT），作業療法士（OT）のどちらか〕1人がチームとなってクラスを担当し，チームアプローチを行っている。

児童発達支援センターの日課

午前10時		登園，着替え，朝の集い
	10時30分	ホールにて体操
	11時	設定遊び，母子分離と母子療育とを交互に行う
午後12時		昼食　その後自由遊び
	2時	お帰りの集い

7）基本的生活習慣の確立

通園する当初，登園するなり，すぐに紙おむつからトレーニングパンツに履き替える。自宅では全く使っていなかったために，最初トレーニングパンツを履くことにTくんは抵抗を示し，パニックになる。根気強く，Tくんの好きなキャラクターが描かれているパンツを用意し，キャラクターを見せながらお着替えをするようにしたところ，1か月が過ぎる頃には，3回に1回は履くようになってきた。そして時間を計りながら，おまるへの誘導をする。なかなか出ないことが多いが，トレーニングパンツの中へのおしっこの間隔を計り，定時排尿に向けてプログラムを作成・実施する。

登園してすぐの朝の集いのときに，お名前呼びをする。クラス担当のD保育士の電子ピアノの音楽に合わせて，通園児が子ども用の椅子に座って，元気よく返事をする。当初Tくんは，お名前呼びに全く興味を示さず，目に入ってきた動きのあるものへ興味を示し，じっと座るということは全くなかった。そのためまずは，お母さんの膝の上からということで，お母さんの膝の上に座ってもらい，お名前呼びをするようにした。D保育士が「Tくん！」と名前を呼ぶと，ニコッと笑うしぐさが見られた。D保育士が「ニコッと笑っていい笑顔やね」というとまたニコッと笑った。

その後お母さんの膝の上ではしっかりと手をあげて，声は非常に小さいが，お返事ができるようになり，そろそろ椅子に座るように促していった。じっとはなかなか座っていることができないが，名前を呼ばれるときには，その椅子に座って返事をするようになっていった。

設定療育の場面では，ダイナミックな動きのあるトランポリンやハンモックなどの動きには当初から体を任せて遊ぶことができ，声を上げて笑うことが多く見られた。しかし走っている

ときにつまずいて転ぶことがあり，体の使い方に幼さが残っている様子である。

その状況にもかかわらず，高いところに登ることが好きで，戸棚の上に登ったりすることが多くあり，安全に配慮しながら，その様子を観察することになる。また，紙粘土や絵の具などの感触を楽しむ遊びでは，手が汚れることを嫌っているようで，なかなか手を出さないでいた。ほかの子どもたちが声を上げて遊んでいる様子を見るにつけ，徐々にではあるがD保育士が誘いかけていくと，Tくんから触っていくようにもなってきた。

昼ごはんについては，主食のご飯のみしか興味を示さず，その他のおかずは手をつけない。しかしながら，キャラクターのついたお菓子などには興味を示して食べる。そのことからキャラクターの形に切った野菜類を煮炊きしたものを作って，母子療育を行っているときに出したところ，興味を示し，一口食べた。その瞬間D保育士が「Tくん，キャラクターのジャガイモ食べたね！　すごい！」と言い，母親もその光景を目の当たりにして，目に涙をうかべていた。

その後，そのキャラクターに似せたものをいろいろと作っていき，バリエーションを持たせるようにしていった。その過程においては，児童発達支援センターの管理栄養士，調理員等の協力を得て，プログラムしていくこととなった。

8）通園6か月後のケースカンファレンスとその後の報告

通園開始から6か月が経ち，Tくんの状況把握をし，今後の方針を決定していくためのケースカンファレンスを開く。

それぞれのチームメンバーから，Tくんの現状についてそれぞれの専門的立場に立った報告があり，通園当初と比較して，基本的生活習慣の側面では，おまるによる定時排尿がほぼできるようになってきており，トレーニングパンツへのお着替えも自分からパンツを持ってきて履かせてほしいという動作が見られてきている，とのことであった。

設定療育では，スロープ遊び，トランポリンなどの運動遊びについては，表情にも変化が見られ，笑顔での楽しむことができている様子が報告された。

今後に向けて，基本的生活習慣の確立とさまざまな環境要因への適応を目標に掲げ，的確なスモールステップを計画的に設けて対応していくこととなった。

このケースカンファレンスの結果を母親に具体的に伝え，通園療育の中で，状況が変化したこと，成長していきていることを確認した。そのことを母親は，自宅でのTくんの様子にも変化が見られ，ひとり遊び中心で関わりが少なかったお姉ちゃんとの関わりも増え，買い物に行ったときはお姉ちゃんがTくんの面倒をみるなど，お姉ちゃん自身もTくんへの関わりが増えてきているとのことであった。また父親の出張は相変わらず多く，不在のときもあるが，早い時間に帰宅したときには，Tくんと一緒に遊ぶ時間を取ったり，一緒にお風呂に入ったりと関わる時間が増えてきていることであった。

カンファレンスの報告終了時に母親は，「Tのことでわからないことはまだまだあり，葛藤すること，混乱することがありますが，Tの笑顔を見ていると少しほっとするようになってきました。ほかのお子さんとの比較ではなく，この子なりの成長を見守っていくことが大事ということを感じるようになりました」とおっしゃった。自宅での家族全体の環境状況のおいても変化していきているとのことであった。

【演習課題 10-3】 Tくんの状態について書き出してみよう。

【演習課題 10-4】 母親と父親のTくんに対しての気持ちや思いの変化について時間軸でまとめてみよう。

【演習課題 10-5】 母親,父親に対してのそれぞれの専門職による配慮点や支援内容について,時間軸を中心にしてまとめてみよう。

引用・参考文献
1) 松村明編:大辞林 第三版,三省堂,2015

第11章 子ども虐待の予防と対応

1. 子ども虐待の現状

　子ども虐待は，年々加速度的に増加を続けており，2017（平成29）年の全国の児童相談所における子ども虐待の対応相談件数は，13万3,000件を超えている（p.18，図2-11参照）。その主たる虐待者は，実父・実母であり，2016（平成28）年調査では，実父38.9％，実母48.5％とあわせて9割弱となっている。また，子どもが死に至る虐待も年間50件ほど，毎年発生している。

　国は，2000（平成12）年に「児童虐待の防止等に関する法律」を制定し，子ども虐待の定義を明確にするとともに，その対応体制と防止対策の強化に乗り出した。同法は，数度の改正により，さらなる早期発見・早期通告，虐待予防への対応を強めている。そのことにより虐待対応相談件数が増加し，表面化していなかった事例が浮かび上がっているともいえるが，悲惨な事例が減少していないことも事実である。

2. 子ども虐待に関する専門職としての保育士の役割

　「児童福祉法」第25条第1項では「要保護児童を発見した者」は，罪を犯した満14歳以上の者を除き，「市町村，都道府県の設置する福祉事務所」か「児童相談所」に通告するよう規定している。今日，「要保護児童」（第12章参照）の中核は虐待やネグレクトを受けている子どもたちのことである。また，「児童虐待の防止等に関する法律」第5条では「学校，児童福祉施設，病院その他児童の福祉に業務上関係のある団体及び（中略）児童の福祉に職務上関係のある者は，児童虐待を発見しやすい立場にあることを自覚し，児童虐待の早期発見に努めなければならない」とされ，同法第6条では「児童虐待を受けたと思われる児童を発見した者」に対する通告義務を規定している。したがって，保育士は，他の法律による守秘義務規定や「全国保育士会倫理綱領」にある「プライバシーの保護」の義務を破るという観点から，虐待の通告を留保するのではなく，「虐待を受けたと思われる」疑いの段階からの通告が必要となる点を十分に理解して保育業務にあたる必要がある。

一方，通告をしたら，児童相談所によって，直ちに親子分離が行われるというわけではない。子どもの権利条約の観点からみれば，むしろ子どもは親と分離されない権利があるため，親子分離はそう単純容易には行えないという側面もある。また，一時的に親子分離が行われたとしても，その状況によっては早期家庭復帰が目標となる。したがって，市町村や児童相談所で通告受理された子ども虐待事例のほとんどは在宅で生活し，保育所や学校に通っている。また，子ども虐待とまではいかないが，「産後うつ」や育児不安，保護者の病気や疾病によって十分な養育が困難な事例，不適切な養育（マルトリートメント）の事例など，課題を抱えながらも，「要支援児童」として市町村専門機関から支援を受け，在宅で生活する家庭も少なくない。このような家庭にとって，地域の保育所等の役割は非常に大きい。また，保育士の果たす役割は重要である。専門職としての自身の立場を自覚し，自身にできること，できないこと，やらなければならないことを明確にして，他の関係機関と連携して，虐待の予防や見守りを続けていかなければならない。

　本章では，事例を通して子ども虐待の実情をとらえてみたい。

3. 保育所が関係機関と連携し，子ども虐待への対応をする事例

(1) 事例の概要とポイント

〈家族構成〉

　実父　　Y（姓）　K　23歳　建設作業員
　実母　　　　　　M　23歳　コンビニアルバイト
　本児　　　　　　D　3歳　A保育所
　実母の内夫（彼氏）　S　19歳　無職

　　（事例はすべて架空のものである）

事例のポイント
　① 「ラポール（信頼関係）」の形成
　② 保護者のおかれた状況や背景を考え想像すること
　③ 保育者は，自分自身の感情に気付く
　④ 地域の社会資源（相談機関等）についての情報把握

(2) 事例の展開：家族の変化に寄り添う支援

1）プロローグ

　本児（3歳）の担当保育士（25歳）は，できるだけ保護者（母）との信頼関係をつくるため，園への送迎時のあいさつや連絡ノートなどで，子どもたちの様子を丁寧に伝えていた。気さくに何でも話せる関係になりつつあったある日の朝，本児の母は担当保育士に対して，「私，やっぱり離婚することにします」と話してきた。以前から，「旦那が酒を飲んで，暴力的になることがあって，別れたい，もういや」という話もあったが，ついに離婚を決意したようだ。近々，転居し，母子での新しい生活をスタートさせるとのことであった。

ここで，大切なポイントとして「ラポール（信頼関係）」の形成があげられる。ラポールの形成は，子育て支援のベースである。どのようなところで保育士は日々，保護者との信頼関係をつくろうとしているだろうか。見学や実習の際は，よく観察してほしい。また，保育を行う場だけではなく，人と人とが関わるあらゆる場面での人の対応を観察してほしい。客としてレストランで食事をする際，また反対にアルバイトスタッフとしての自身の接客場面でもよい。どのような関わりが人を快適にし，「また，ここに来たい」という動機付けになるのか。あるいは，「もう二度とこんなところへは，来ない」という思いに至るのか。子育て支援は"一期一会"でもある。

　本事例にもあるように，子どもを持つ親の離婚は増加傾向である。子育て支援の第一歩は，保護者の置かれた状況や背景を考え想像すること。そして，適切な言葉がけである。

【演習課題11-1】　子どもを持つ親が離婚し，ひとり親になるときに，親はどのようなことが不安になるだろうか。思いつくことをあげてみよう。また子どもは，親の離婚ということをどうとらえるのだろうか。保育士は，保護者や子どもにどのような働きかけが求められるか考えてみよう。

○親としての不安

○子どもの思い

○保育専門職としての対応

2）アセスメント：想定外のあらたなる展開

　その後，母は離婚し，母子は家を出て新たな生活をしていたが，送迎時などに，保育士の顔を見れば，「お金がないわ」「やっていけないわ」と話していた。しかし，そんな矢先，母が，「先生，妊娠したみたい」と話してきたので，担当保育士はびっくりして主任保育士（48歳）に相談した。後日，担当保育士は主任保育士とともに相談室で母に状況を聞くと，母は，時折，涙を流しながら以下のことを語った（保は担当保育士の略）。

　保　「びっくりしたけど，お母さん，体，大丈夫？」
　母　「私も，びっくりしたわー。市販の妊娠検査薬で陽性反応が出たの。病院には，まだ

行っていないんだけど、ずっと生理がなかったし、もう、つわりがあるので、たぶん妊娠しいていることは間違いないわ。経済的には、めっちゃ厳しいけど、せっかく授かった子どもだし、絶対に産みたいわ」

保 「そうかあ、でもとにかく、早く病院に行かないとね。それで、お腹のなかの赤ちゃんのお父さんは？」

母 「前の旦那は最低だったからなあ。この赤ちゃんは、コンビニのバイトで知り合った彼氏（S，19歳）がお父さんかな。今、同居してるの。でも、彼、今は、無職でずっと家にいて。でも、『仕事を探す、仕事が見つかったら入籍する』って言ってくれてて。Dのこともいろいろ面倒見てくれるし、若いのに苦労してる子だから、前の旦那とは違うわ」

保 「そうかあ、でも、Dくんのこともあるし、お腹のなかの赤ちゃんのこともあるし、何より、お母さんの体も心配だわ」

母 「そうなの（涙）。私、体がやばくて、しんどいんで、もう仕事は無理かなって。でも、そうすると生活していくのやばくない？　赤ちゃんできたのはうれしいし、彼も働くって言ってくれてるけど、正直つらいわ。なんで、私だけって」

保 「ご両親のサポートは？」

母 「私は両親はいるんだけど、完全に縁を切っているんで、誰も頼れないわ。離婚した旦那も、最低のやつだから、Dの養育費は一切ないし。だから、何とか乗り切るしかないかなみたいな。今は貯金で何とか。でも、お金かかるし」

【演習課題11-2】「ジェノグラム（家族図）」を描いてみる

本事例の家族について整理し、ジェノグラム（家族図）を描いてみよう。また、援助者が事例のジェノグラム（家族図）を描くということは、どういう意味があるか考えよう。

【演習課題11-3】「あなたの気持ち」を整理する

「想定外のあらたなる展開」を読んで，あなたの心に沸き起こった感情，思いについて，整理しよう。また，なぜ，自分のなかに，そのような思いや感情が生じたのかを考えてみよう。保育士も人間であるため，当然，感情がある。支援を行っていく上で，自分自身の感情に気付くことも大切なことである。

自分のなかに起きた感情，思い	なぜ，そんな感情や思いが？
（例）腹が立つ	何で無職の男と同居しているのか理解できないから

【演習課題11-4】 母の話を整理する

① 「想定外のあらたなる展開」で母が語った，今の家庭状況を箇条書きにして整理しよう。

　　例）・母は経済的に厳しい状況にある。

② 母は何を望んでいるのだろうか。その望みは，保育所や保育士が解決できることだろか。また，保育士として，どんなことが心配されるだろうか。

〇母の望み

〇保育士としてできること，できないこと

〇保育士として心配なこと

【演習課題11-5】「想定外のあらたなる展開」のような場合，もし，あなたが保育士であれば，どのような機関と連携して，母のサポートを行っていく必要があると思うか。

具体的に，あなた自身の現在の居住地の場合を想定し，可能ならば，インターネット等を活用して，各市区町村のホームページ等にアクセスし，このような事例の場合，具体的に，どの機関が適切か調べてみよう。

相談機関名（場所）	対応できる相談内容
例）A市家庭児童相談室 （A市市役所内）	例）家庭相談員が家庭における子育ての不安や悩みに関する相談に応じている。

「うどん」を注文しているのに，「そば」が出てきたらどうだろう。お金を払って，頼んだものと違うものが出てきたら，クレームが出る。公的な子育て支援の場では，直接，利用者から，その場でお金が払われることはない。また，はっきりと利用者から希望や願いが言語化されないこともある。利用者の訴え，ニーズをキャッチし，適切な支援が求められる。また，地域の社会資源（相談機関等）についての情報把握も必要である。これを機に，市区町村の役所等で自身の居住地の子育て支援パンフ等を手に取ってみてほしい。

例えば，福祉事務所，家庭児童相談室，保健センター，子育て世代包括支援センター，児童家庭支援センター，児童相談所等の所在と相談対象や内容について調べてみよう。

（3）子ども虐待の発見とその対応：再アセスメントとプランニング

その後，母は病院に受診し，やはり妊娠していることが判明した。日に日に，母のお腹は大きくなってきた。今は，母は生活保護を受給し，生活，医療受診，出産経費などの心配はなくなったが，実質的に，彼氏との内縁関係が継続し，Dくんを園へ送迎する際などに，時折，母と彼氏の3人で来ることもある。Dくんも母の彼氏のことを「Sパパ」と呼んで慕っているが，先日，着替えの際，Dくんの背中に叩かれたり，つねられたりしたような，いくつかのあざを保育士が見つけた。「どうしたの？ 痛くない？」と担当保育士がDくんに尋ねると，「S

パパにパッチンされた」と答えた。担当保育士は，主任保育士，園長に早速報告した。園長は，母との関係も気になりながら，市の子育て支援課に「虐待通報」を入れた。すでに市では数か月前から生活全般にわたり家庭児童相談室の相談員が母に関わっており，この背中のあざについて，相談員が母に早速状況を確認した。母によると彼氏Sは，「Dが，もうすぐ4歳になるのに，今でもおむつをしているのが信じられない」，「最近，うそをついたり反発することが多くなった。お前が甘やかしすぎ」などと言って，おもらしをしたり，うそをついたりしたら叩いているが，母自身もしつけは必要だと思っているとのことだった。3か月後には母の出産が控えている。母は，出産入院の際は，彼氏が家でみてくれると言っているが，市としては，そういうわけにもいかないだろうとのことだった。

　その翌日から母の彼氏は行方不明となり，母とは一切連絡がつかなくなった。虐待が疑われ，逃げたのだろうか定かではないまま，姿を消した。この事実に，母は動揺し，一時精神的に不安定になりながらも関係機関の支えのもと在宅で生活を続け，Dくんも元気に登園している。関係機関との話し合いでは，今後，母がしんどい状況になれば，近隣の児童養護施設でDくんの「ショートステイ」を行うという方針が決められた。母はシングルマザーとして赤ちゃんを産む覚悟をしており，その入院の際にも同施設で「ショートステイ」を行う予定である。しかし，状況がさらに悪化した場合は，児童相談所による一時保護も検討されるとのことである。

　母は，出産への支援が必要な「特定妊婦」として市と医療機関が連携しながら，見守りを続けている。

【演習課題11-6】「児童虐待の防止等に関する法律」では，子ども虐待を4つに分けている。どのような種類をどのように定義しているだろうか。調べてみよう。

子ども虐待の種類	内　容

　事例の1）プロローグで，母は「旦那が酒を飲んで，暴力的になることがあって，別れたい，もういや」と語っている場面があったが（p.85），その場を子どもが見ていたら，それは子どもの目の前での家庭内暴力（ドメスティックバイオレンス；DV）であり，子どもにとっては「心理的虐待」である。

【演習課題11-7】「子育て支援短期利用事業」のひとつ「ショートステイ」とは何かについて調べてみよう。また同事業「トワイライトステイ」についても調べてみよう。あなた自身の居住地で「ショートステイ」や「トワイライトステイ」は行われているのだろうか。可能ならばインターネット等で調べてみよう。市区町村によっては、「子育て支援短期利用事業」を実施していないところもある。その場合は、厚生労働省のホームページ等をみて「子育て支援短期利用事業」のサービス内容について確認しよう。

種 別	あなたの居住地付近での実施場所、サービス内容
ショートステイ	
トワイライトステイ	

【演習課題11-8】「子ども虐待の発見とその対応」の文中、下線部、「園長は、母との関係も気になりながら、市の子育て支援課に『虐待通報』を入れた」(p.90)とあるが、園長は母とのどのような関係を心配したのか、また虐待通報は、どのレベルでどこへ、するべきなのか考えよう。

【演習課題11-9】「しつけ」と「虐待」について，あなたの思いを整理してみよう。また，しつけをしなければならないと思って虐待に発展してしまうケースについて想像してみよう。うそをついたりなど，乳幼児期のよくない言動については，一定の罰が必要なのだろうか。あなたの思いや価値観を整理しよう。

第12章 要保護児童等の家庭に対する支援

1. 要保護児童, 要支援児童とは

　要保護児童および要支援児童は, 児童福祉法で定義された言葉である。「要保護児童」は, 児童福祉法第6条の3第8項で「保護者のない児童又は保護者に監護させることが不適当であると認められる児童」とされ, 同法第25条では「要保護児童を発見した者は, これを市町村, 都道府県の設置する福祉事務所若しくは児童相談所又は児童委員を介して市町村, 都道府県の設置する福祉事務所若しくは児童相談所に通告しなければならない」とされている。要保護児童は, 社会的養護の対象となる子どもたちであり, 施設や里親等への措置とあわせてその家庭への支援が行われる。

　一方で「要支援児童」は「乳児家庭全戸訪問事業の実施その他により把握した保護者の養育を支援することが特に必要と認められる児童」のうち要保護児童を除いたものと定義される（同法第6条の3第5項）。また,「児童又は妊産婦の医療, 福祉又は教育に関連する職務に従事する者は, 要支援児童等と思われる者を把握したときは, 当該者の情報をその現在地の市町村に提供するよう努めなければならない」としている（同法第21条の10の5）。要保護児童にはあたらないが, 親が育児不安を抱えていたり, 養育に関する知識が不十分な場合などにその家庭を支援する。

　さら同法第25条の2において「地方公共団体は, 単独で又は共同して, 要保護児童の適切な保護又は要支援児童若しくは特定妊婦への適切な支援を図るため, 関係機関, 関係団体及び児童の福祉に関連する職務に従事する者その他の関係者により構成される要保護児童対策地域協議会を置くように努めなければならない」とし, 要保護児童対策地域協議会が各市区町村に置かれている。2016（平成28）年現在, 設置率は99.2％にのぼり, ごくわずかの町村を除きほぼ全国の市区町村に設置されている。

　本章では, 以下のポイントについて2つの事例を通して理解を深め, 保育士としての役割を学んでいく。

事例のポイント
　・保護や支援を必要とする子どもとその家族・家庭への支援における児童相談所や要保護児童対策地域協議会など関係機関の連携や役割分担について

・親子分離から家族再統合に至るまでの親子関係再構築に向けての支援の実際について

2．育児ストレスや不安を抱え相談を求めてきた母親に対する子育て支援施設の支援の事例

(1) 事例の概要

食物アレルギーの弟と多動な姉のへ育児ストレスや不安を抱え相談を求めてきた母親に対する子育て支援施設の支援の事例

〈母親および家族の状況〉

母親　31歳　結婚5年目　専業主婦　地方出身　まじめで内向的な性格
夫　　31歳　施設職員　仕事が早朝から深夜までに及び，宿直もあり子育ては妻に任せきり
長女　3歳　多動で集中力に欠ける
長男　生後10か月　食物アレルギーあり

(2) 事例の経過

1) 母親の育児の様子

母親は，2人目の子どもが生まれて姉の次年度の幼稚園への入園に備えて市内にある子育て支援施設の3歳児のグループ体験に何度か参加してきている。姉は，多動でいつもエネルギーが高く家の中では持て余し気味，とにかく外に行きたがり体を動かして発散したい子である。姉は，自由奔放で母親の注意を聞き入れず，何か取り組みをさせても集中が続かない。母親は弟が生まれたこともあり，姉のことで育児の負担感を高くしている。

ところが，最近弟にそば，卵，牛乳，小麦粉，甲殻類などの重い食物アレルギーがあることがわかり，母親は弟の食べ物に神経質になり毎日の食事に頭を痛め気疲れしている。

2) 弟のアレルギーによる受診

そのような矢先，家で夕食をとっていた際に姉の食べこぼしたえびを弟が触わってアレルギー反応を起こし小児科で受診した。夫は宿直勤務のため不在であった。母親はこの機会にと思い医師にいろいろ質問して確認をしたいことがあった。しかし，いざ診察室に入ると医師の威圧感と慣れない診察室の雰囲気から緊張してしまい，頭の中が真っ白になり何も聞くことができなかった。この件以来母親は，自分がだめな母親だと落ち込み，家族の中で唯一アレルギーのある弟をどう受け入れたらよいのか，自分が母親としてこれから先弟に何ができて，何ができないのか思い悩み，ひとりで抱え込むようになった。

3) 孤立する母親

弟の食物アレルギーのことを夫に相談しても，仕事がら食物アレルギーに理解はあるものの，「また，職場の栄養士か調理員に聞いておくわ」と面倒臭そうに答えるだけで協力は得られそうになかった。また，母親には自分は仕事をせずに家庭にいるのだから，育児のことで仕事をしている夫に負担をかけてはいけないとの遠慮があった。さらに，母親は実家の祖母にも相談してみたが，家族の中に食物アレルギーのある人がいないのでよくわからないと言われ，母親はますます誰にも相談できないと，途方に暮れ孤立してしまった。

4）弟の食事への配慮

　母親はそれ以降，家族の食事と弟の別メニューの食事とを作り分けた。時間的に余裕がなくなり一日中食事作りに追われ，調理の道具や食器も使い分けなければならないなど気の抜けない毎日が続いた。何日か経つと母親は疲れ果て，食物アレルギーのことを気兼ねなく相談したり，本やネットでは得られない生の情報を交換できる身近な存在を切望するようになった。

5）母親の姉へのしんどさ

　母親は子育てを自分に任せっきりにしている夫にも腹立たしさを覚えたが，誰より母親をいらだたせたのは，自由奔放で勝手気ままなマイペースの姉だった。何度注意しても母親の言うことに耳を貸さず聞き入れようとしない姉にうんざりしていた。決して母親の言うことに反抗しているわけではないが，悪びれず同じことを繰り返しては，同じことを注意しなければならなかった。例えば，弟が昼寝をしているから静かにするように言っても静かにできず，気が付けば弟を起こしてしまい泣かせてしまっていた。姉に対してほかの人から，明るくて物おじしない元気な子どもと言われるたびに，わかってもらえないしんどさを感じていた。最近は，大きな声で感情的に叱ってしまったり，家にいて何度も同じことを注意しても聞かないときにはつい手が出てしまうことがある。そのようなこともあり，3人だけで家にいると姉のことを虐待してしまいそうで怖くなり，できるだけ子育て支援施設を利用するようにしている。

6）母親からの相談

　何度目かの利用の際に姉の様子が気になり，子育て支援施設のスタッフが母親に声をかけた。すると，母親から堰を切ったように食物アレルギーのある弟の食事の大変さと先行きの見えなさ，エネルギーの高い姉の対応のしんどさについて話があった。また，そのため母親は精神的に追い詰められイライラが続き，育児の負担感がピークに達している様子であった。

7）子育て支援センターの支援

　子育て支援センターのスタッフは母親からの相談をもとに，ひろば事業として栄養士も招き「アレルギーを持つ子のママ集まれ！」と銘打ったフォーラムを開催した。そうしたところ，食物アレルギーのある子どもを持つ母親10名の参加があった。当事者同士で情報交換をしてもらったところ，どの子どももかなり多くの禁止された食べ物があり，さらに医師への不満やアナフィラキシーショックを体験した人も3人いて体験談を聞くことができた。そこで母親は困まっいるのは自分だけではないと勇気づけられ，弟の食物アレルギーについてできないことよりも，これからはできることを探そうと前向きに考えられるようになった。母親たちはSNSのアドレスを交換しつながり，情報交換したり共感できる仲間づくりができた。

8）母親の変化

　母親は，そのフォーラムの2か月後食物アレルギーの仲間10人とサークルを結成し，子育て支援センターで活動を始めている。定期的にグループで集まり子どもたちを遊ばせ，母親たちは情報交換したり，時には食物アレルギー対応のできるお店で食事会を開いたり，活動の輪はその後も口コミで広がり仲間が増えていっている。また，母親は弟のことだけでなく姉のこともサークルの仲間に相談し，同じような子どもを持つ母親と積極的につながりをつくり，スタッフに今度は姉のような子どもを持つ親のためのフォーラムの開催希望を申し出てきている。

【演習課題12-1】 母親はどうのようにして子育てに負担感を高くしていったのか，その要因をあげてみよう。

【演習課題12-2】 子育て支援センターの機能や役割，子育て支援の内容について調べでみよう。

【演習課題12-3】 子育てに対して母親にどうような心境の変化が起ったのか整理してみよう。

3．被虐待により一時保護から施設入所となり，最終的には家庭引取りとなった事例

（1）事例の概要

・T（以下，本児）　性別：女児　4歳（保育所幼児クラス）

　乳児期は，おとなしく手のかからない笑顔のかわいい，誰からもかわいがられる女の子であった。1歳半の健診では言葉の遅れが指摘され，母親は町主催の療育教室に通っていたが，その後徐々に発語も多くなり療育教室に通わなくなっていった。しかし，一方でその頃から多動傾向が強くなり，3歳児健診では落ち着きがなく保健師の質問には答えず，自分の興味のあることだけを一方的にしゃべっていた。しかし，母親からは特に困っているとの訴えはなく相談には至らなかった。

・H（実母）　33歳　職業：スーパーのパート従業員

　M県の出身。親からのしつけが厳しく，叩かれたり，時には食事を与えられないことがあった。高校では携帯電話を持たしてもらえず，アルバイトを強要され，お金は親が管理していた。また，両親は中学のとき離婚，その後再婚した養父から性的虐待を受けたことにより家を飛び出し高校も中退した。その後N市に来て働き出し，仕事を通じて知り合った男性と交際を

始める。そして，しばらくして妊娠が判明したため入籍し現在のS町で暮らし始める。しかし，1年半足らずで離婚する。現在は精神的にも不安定で神経科を受診しており，フルタイムの仕事は負担が大きいため生活保護を受けながら生活している。

（2）事例の経過
1）保育所での様子
　本児は，A保育園に3歳から入園してきた。入園当初は集団になじめずクラスで過ごすことができなかった。保育士の指示に従い集団で動くことができず，強く促すとパニックになり園庭や玄関先に飛び出してしまうことがよくあった。多動で落ち着きがなく，他児の読んでいる絵本や使っているおもちゃなど，自分の興味があるものへの欲求の抑制が効かず横取りしてしまうため他児とのトラブルが絶えない。そのため別に職員室で過ごさせることが多かった。
　一方母親は，保育所への送迎の際の様子からも本児によい関わりができているとはいえなかった。登園時間は遅く不規則で，登園すると本児は母親の方を振り返ることなくおもちゃの方に一目散に走って行き，別れ際の母親からの声かけも乏しかった。そうかと思えば，降園時には母親が迎えに来て大きな声で呼んでも本児は応じず遊び続けていた。さらに，そのような本児に対して母親は他の保護者や保育士のいる前でも本児に手をあげることもしばしばあった。

2）子ども虐待の状況
　入園後1年が過ぎて4月に入り，本児に噛みつかれた5歳児の保護者からの苦情があり，最近ますますエスカレートする本児の他児への粗暴な行為が保護者会でも問題となった。そのため園内で話し合いが持たれ，そこでは本児の問題性もさることながら，むしろ母親が本児を叩いたり，暴言を吐くことの方が問題だという意見が多くあがった。そこでA保育園から町の子育て支援課へ連絡をし要保護児童対策地域協議会にも名前があげられることとなった。
　そのような中6月の上旬のある朝，本児が左のほほにあざをつくって登園してきた。担任の保育士が母親から話を聞くと「お風呂場でふざけていて転んで打った」とか，「夕食のときに行儀が悪くて椅子から落ちた」など動揺した様子で話が二転三転した。担任の保育士は園長に報告し緊急に園内で話し合いが持たれた。再度子育て支援課を通じて要保護児童対策地域協議会へあげるとともに，今後担任の保育士は毎日登園した本児の身体に異常がないかをチェックし，何か異常があれば記録し園長に報告することや母親対応は園長が行うことが確認された。
　そうしたところ，本児は翌日から1週間登園しなかった。そして，ちょうど1週間後に登園してきた。本児は登園の際母親の前ではおとなしかったが，母親がいなくなった途端にイライラした様子で他児に当たり散らし終日トラブルの連続であった。担任の保育士が本児の体をチェックしたところ頭に2か所大きなこぶがあることが判明した。保育士は園長に報告し，子どもたちの降園後，緊急職員会議が開かれた。そこで子育て支援課への報告と，次に本児の体にけがやあざなどが確認されたときにはS子ども家庭センターへ虐待通告することが申し合わされた。
　そして，それから2日後の朝登園した本児の左足の甲にやけどによる水ぶくれが確認された。担任から報告を受けた園長は，すぐに主任保育士からS子ども家庭センターに虐待通告をさせ，併せてA保育園の法人理事長にも法人本部の事務局長を通じて報告を行った。

3）関係機関の概要および支援者

- A保育園：社会福祉法人の運営する保育所。乳児3クラス，幼児6クラスで運営されている。歴史のある保育所で地域からの信頼も厚く，他にも複数の福祉施設を併設している。
- O園長：女性，57歳。保育士として職歴37年目，柔和な人柄で保育所の母親からの相談が絶えない。町の要保護児童対策地域協議会にも設立当初から参画している。本児の母親にもこれまで関わりを持ち，寄り添い支援をしてきている。
- S子ども家庭センター：県内に4か所ある児童相談所のひとつで，所長以下45名の所員が配置されている。当センターに年間約2,200件の養護相談があり，そのうち約1,900件が虐待に関する相談である。
- E児童福祉司：女性，35歳。本児の担当児童福祉司。職歴10年目，児童自立支援施設と本庁勤務を経て現在に至る。学生時代児童養護施設でボランティア体験があり，子どもの側に立ったケースワークには定評がある。
- H児童養護施設：県内にある児童養護施設。ユニット制をとっており乳児院や児童心理治療施設を併設している。子どもたちのニーズを個別化して家族再統合も含め細やかな支援を行うと評価されている。
- K保育士：女性，28歳。H児童養護施設での本児の担当保育士。短大卒業後入職し9年目，明るくスポーツが得意で子どもたちから慕われている。家族支援やケースワークについても他職種と連携し熱心に取り組んでいる。

4）子ども家庭センターの緊急受理会議とその後の対応

　A保育園からの虐待通告を受けて，S子ども家庭センターでは緊急受理会議が開かれた。参加メンバーは，所長と次長兼虐待対応課課長（以下，課長）と同じ課のE児童福祉司と他の児童福祉司2名，および本児の地区を担当する児童心理司であった。会議後，直ちにE児童福祉司と担当児童心理司がA保育園へ向かい，また別の児童福祉司は本児の健康状態や発達状態を町の子育て支援課に照会して情報収集したり，さらには本児を一時保護することを想定して一時保護所や児童養護施設などの受け入れ先の確保にあたるものとに分かれて対応を行った。

5）子どもの状況確認と一時保護・子どもへの支援の開始

　お昼前にはS子ども家庭センターと町の子育て支援課のメンバーがA保育園に集まり，O園長や担当保育士から一連の経過の確認を行った。そして，本児の様子を観察した。本児は，誰に何を尋ねられても一言もしゃべらず，おびえた表情で体を固くしていた。A保育園や子育て支援課からの聞き取りでは，母親の虐待は日に日にエスカレートしてきており，ひとつ間違うと大きな事故につながりかねないとの判断から，S子ども家庭センターは職務権限により本児の一時保護を決定した。まず，何より本児の身の安全を確保し，その上で母親への支援を開始することとした。本児と親の状況から考えて施設入所の可能性も高いことや本児の発達障害も想定されることなどから，一時保護先はH児童養護施設にお願いすることとなった。

　H児童養護施設では，担当になるK保育士が本児の受け入れの準備を進めていた。衣類をはじめ，身の回りの生活用品を揃え，担当している「いずみホーム」の居室の本児用のベッドも整えていた。E児童福祉司からはおそらく入所になるだろうと聞かされていたため，本児ができるだけ快く生活になじんでいけるよう配慮し迎え入れの準備を進めていた。

本児は，施設にやってきてK保育士と一緒に遅めの昼食をとった。本児にすると急な出来事で不安と緊張のためほとんど食事がのどを通らなかった。その後本児は，E児童福祉司とK保育士からしばらく「いずみホーム」で生活することを丁寧に説明を受け，安心したのか少し表情が緩んだ。そうするうちにホームで生活する幼稚園の子どもたちや小学生が帰ってきて一緒に遊んでいるうちに笑顔も見られるようになってきた。

6）虐待の告知・母親への支援の開始
　S子ども家庭センターは，母親に連絡を入れ本児を一時保護したことを伝えようとしたが，母親は，仕事中でつながらなかった。留守番電話に本児のことで早急に話をしたいのでS子ども家庭センターに連絡がほしいとメッセージを残した。
　そうとは知らずに母親は，いつも通り16時前に本児を迎えにA保育園にやって来た。O園長は母親を園長室に招き入れて，S子ども家庭センターとの打ち合わせ通り，保育所では重傷な子どものけがを発見し，親に確認しても明確な理由の説明がない場合は，子ども家庭センターに連絡することが義務付けられていること，また本児については，S子ども家庭センターが行政権限で有無を言わせず保護のため連れて行ったことを伝えた。母親は，見る見る険しい表情になり激高し「私の子どもを勝手に連れて行くな－，返せ－，戻せ－」とか，「保育園もS子ども家庭センターとどうせグルなんだろ」などとわめき散らした。職員だけでなく子どもを迎えに来たほかの保護者も騒然となった。園長室の外で待機していた男性保育士は，大きな物音がすれば園長室に踏み込む手はずになっていた。さらには，母親の興奮が治まらず暴れて手におえない場合には，警察に出動要請も辞さない構えだった。興奮のさめやまない母親は，「覚えとけ，ただで済むと思うなよ」と捨てぜりふを吐いて出て行ってしまった。しかし，母親は夕方になってよく相談に乗ってもらっているという宗教団体の女性に付き添われてA保育園を再度訪れ「どうしたら子どもを返してもらえるのか」と園長に憔悴しきった様子で尋ねてきた。園長は，母親とその女性と担当保育士を車に乗せ，S子ども家庭センターへと向かった。
　S子ども家庭センターでは，課長およびA保育園に出向いたE児童心理司が母親とO園長らを出迎えた。園長と担当保育士は，母親を支えるように両脇に座り一緒に話を聞いた。課長と児童心理司は母親に，本児を保護した理由について次のように説明した。本児のけがは母親がしたと認識していること，そしてその事情を聞きたいことを伝えた。さらに，本児の子育てについて一緒に考えて協力していきたいことを付け加えた。母親は話を聞きながら，怒りをあらわにし，じだんだを踏みテーブルを拳で叩きながら「なぜ，子どもを勝手に連れて行くのか」，「子どもを返せ」と繰り返し訴えた。話は平行線のままだったのでO園長からの提案で，明日の午後に再度話し合うこととなった。
　翌日O園長と話し合いに訪れた母親は，一日経ち冷静さを取り戻し自分のしたことを少しずつ話すことができた。最近は職場の人間関係のことでイライラしていたこと，子どもがそのようなときに限って自分の神経を逆なでするようにものをこぼしたり，いたずらを繰り返すので，言うことを聞かせようと棒で叩いたりしていたこと，保護されたときのやけどは，熱した金属の菜箸をお灸をすえる代わりに押し当てたことを説明した。また，本児は多動で自分が厳しくしつけないとほかに頼る人が誰もいないこと，叩くのはよくないとわかっていても，ついカッとなると自分でも自分が抑えられなくなることなどについても話した。さらに，母親は自

分自身の生い立ちにも触れた。酒乱の実父からひどい暴力を母子ともに受けていたこと，父親と母親が離婚したこと，母親に新しいパートナーができ男性と一緒に生活するようになったこと，高校になって夜寝ているときその男性が自分の布団に入ってきて体を触ってきたこと，そのことを母親にも誰にも言えず家を出たこと，などである。O園長は，母親の背中をさすり一緒に涙を流しながら話に聞き入っていた。

7）家族再統合に向けた親子関係再構築支援

S子ども家庭センターの課長は，母親の話を聞き母親の大変だった思いを受け止め共感しながら，母親に本児の子育てについて協力させてほしいこと，具体的には母親が暴力を振るわなくても子育てができるよう子育ての仕方を勉強してほしいことを伝えた。母親は，「自分もそうできればありがたいと思っているので，少しでも早く子どもと一緒に暮らしていけるように努力したいので，ぜひよろしくお願いします」と頭を下げた。

S子ども家庭センターでは，親子の再統合に向けて以下の内容で支援計画を立てた。一時保護を経て本児を施設に入所させること，心理判定を行いその結果をもって支援方針を決めること，入所期間はできるだけ短期間とし家庭復帰を目指すこと，母親の支援はS子ども家庭センターの担当児童心理司が行っていくことなどである。

その後の本児の心理判定の結果が以下のように示された。経験不足から基本的な生活動作が身に付いていない。また，情動未熟であり，衝動性が高く自己中心的で物事に対して融通が利かない。知的能力はボーダー域であり，認知による偏りも大きい。さらに，本児は自閉症スペクトラムであり，コミュニケーションがうまく取れないために他児とのトラブルが起こりやすいので周囲の理解と配慮がなされるよう環境を整える必要がある，といった内容であった。以上のことから今後本児には構造化された見通しの持ちやすい生活環境への整備や母親のペアレントトレーニングの実施，そして定期的な母子面会を実施しながら本児と母親の家族再統合に向けた親子関係再構築支援を行っていくということとなった。

8）その後の取り組みの経過と結果

本児のその後のH児童養護施設での状況は，K保育士との信頼関係が徐々に深まり，甘えもみられるようになってきた。生活の安定に伴って情緒面でも安定してきたことや，何より施設の生活の中で問題行動を起こさせないよう，本児にとって具体的でわかりやすく見通しの持ちやすい生活環境が整備され，対人関係において失敗せずに生活を送れるようになったことが，本児の大きな自信につながってきている。

一方母親は，ペアレントトレーニングを進めていく中で，本児のよいところをほめることができていなかったことに気付かされ改善に努めた。本児との面会の中で最初はぎこちなかったが，徐々にほめることができるようになり，そのことがお互いをよい方向に相乗的に変えていくことにつながっていった。そして，段階的に進めていた家庭復帰への取り組みも面会，外出，外泊へと順調にこまを進め，入所後初めての年末年始に長期の一時帰宅を実施しうまくいき，その結果年度末を目処に家庭復帰を考えられるまでになっていった。

本児は，現在H児童養護施設を措置解除になり家庭復帰を果たし，A保育園に通っている。今後親子の生活において保育所や要保護児童対策地域協議会の見守りの中困難を抱え込むことなく，親子の絆を強くしながら暮らしていけることが望まれる。

【演習課題12-4】 事例を通して被虐待児への支援過程におけるポイントを書き出しまとめてみよう。

【演習課題12-5】 被虐待児への支援における関係機関の役割分担や連携について整理してみよう。

【演習課題12-6】 家族再統合がうまく進み子どもが家庭復帰できた要因について考えてみよう。

参考文献
安藤忠彦他編著：社会的養護内容演習，建帛社，2017
井村圭壯他編著：社会福祉の基本と課題，勁草書房，2015
大阪府社会福祉協議会編：児童福祉施設援助指針，2012
高井由紀子他編著：子どもと家族をアシストする相談援助，保育出版社，2017
千葉茂明他編著：新エッセンシャル児童・家庭福祉論，みらい，2016

第13章 多様な支援ニーズを抱える子育て家庭の理解

1. 多様な支援ニーズを抱える子育て家庭を理解するために

　保育者は，さまざまなニーズを抱えた保護者と向き合い，子どもたちと関わっている。例えば，保護者の就労や子育てとの両立を支援するために，病児保育事業や休日保育，延長保育などの対応が存在している。また，子どもに障がいや発達上の課題がある場合には，個別支援を行うこともある。保護者に育児不安や不適切な養育が疑われる場合の対応も求められている。特に，近年は日本の人口構造の変化に伴い，外国人労働者の就業機会も増えており，外国籍の保護者とその子どもたちへの支援を求める声も少なくない。保育士養成校にて学んでいるときには，外国籍の保護者に対応することを想定していなかったとしても，実際に現場で働くと，外国籍の保護者への支援やその子どもとの関わり方をめぐって，迷い悩むこともあるだろう。
　本章では，多様な支援ニーズを抱える子育て家庭の理解を深める事例として，これから保育所等を利用しようとする外国籍の保護者とその子どもの受け入れをめぐって，保育者が考えられる子育て支援を探していくこととする。

2. 外国籍の子どもの受け入れをめぐって保育所における支援を模索する事例

（1）事例のポイント

① 保護者の気持ちに寄り添い，受容的態度で臨む。
② 保護者や子どもとのコミュニケーション方法について工夫し，模索する。
③ 受け入れをめぐって，保育所等のみではなく，地域の関係機関や各種団体などと連携し，地域資源を生かした支援を展開する。

（2）事例の概要

　以下の事例については，いくつかの事例をおりまぜつつ，筆者が作成したものである。
　8月のある日，W保育園に「保育所を見学したい」という電話があった。電話対応した主任保育士（M保育士）は，電話でのやりとりに違和感を覚えつつも，見学予約の受付をした。

電話受付時にわかったことは，次のとおりである。
① 保護者（父母）は，Gさんと名乗り，ベトナム国籍である。
② 保育所を利用したい子どもの年齢，0歳9か月である
③ 父の職場仲間の情報から，当園のことを知った。
④ 区役所の保育所入所窓口でも相談しており，当園が家から近いこともあり，入所希望している。

【演習課題13-1】 電話受付時，限られた情報ではあったが，外国籍の保護者とその子どもの対応が求められることとなった。あなたが対応する場合，見学前までにどのような準備をするだろうか。

（3）事例の経過
1）保育所見学当日

保育所見学当日，見学希望の保護者G夫妻とその子どもがやってきた。W保育園の玄関前で，G夫妻は少し不安そうにあたりを見渡していたが，主任保育士に声をかけられるとほほえみつつも遠慮しながら園に入ってきた。主任保育士は，G夫妻が初めての場所で緊張していることや不安そうにしていることを察し，ほほえみながら少しずつ話しかけてみた。

以下の内容は，M主任保育士（保）とG夫妻（父・母）の会話のやりとりを記録したものである。

保「こんにちは。今日はようこそ見学に来てくれましたね」
父「こんにちは。よろしくお願いします」
保「日本語は話せますか？」
父「…少しだけ。私は仕事で日本語と英語を使います。妻よりは話せます」
保「そうですか。では，お母さんのほうは，お父さんよりも日本語はあまり話せないかしら？」
父「はい。難しい話は，私のほうが，少しはわかると思います」
保「私たちの保育園のことを，どこで知りましたか？」
父「私の職場の知り合いが，ここの園を使っていると聞きました。先生たちが優しいと言っていて，紹介してくれました」
保「教えてくれた方のお名前を教えてもらえますか？」
父「Tさんです。お子さんは，たしか2歳クラスで，ちゅうりっぷ組と聞いています」
保「ちゅうりっぷ組のTさんね。わかりました。そうでしたか」
父「それと…区役所のNさんにも相談しました。保育園を使いたいと相談していたら，こ

この園が私たちの家から近かったので、見学の電話も勧められました」
保　「区役所のNさんがGさんたちのご相談に乗っておられたのですね。こちらからもNさ
　　んとご相談するかもしれませんが、そのときにはGさんのお話をしてもよいですか？」
父　「はい。お願いします」
保　「お母さんにもお尋ねしますね。お母さん、お子さんはよく眠りますか？」
母　「…はい」
保　「お子さんは、ミルクを飲んでいますか？」
母　「…はい」
保　「離乳食…ええっと…にんじんやじゃがいもとかお野菜をやわらかく煮てつぶしたよう
　　なものとか食べていますか？」
母　「………」
父　「はい」
保　「ミルク以外にも食べ始めているところなのね…わかりました。それでは、ひとまず保
　　育室を見学しに行きましょうね」
父　「はい。お願いします」
　M主任保育士は、G夫妻を連れて、W保育園内を見学してまわった。0歳児クラスの部屋に入ると、0歳児のクラス担任（Y保育士）を紹介した。そして、子どもたちが日中活動している保育室の様子を説明した。入園した場合に、保護者が準備しなければならないものがあることを伝え、実際に保育室内に置かれているものを見てもらうことで、G夫妻も理解したようである。
　0歳児以外の他のクラスも見学し、お子さんが成長していく過程を想像し、当園で過ごしていくとお子さんがどのような発達過程をたどっていくのかという点にも少し触れることとした。G夫妻も年齢が高くなるにつれ、子どもの成長に驚き、わが子の成長を楽しみにしているようであった。保育園内をすべて見学した後、M主任保育士はG夫妻に次のような確認をした。
保　「私たちの保育園に入りたいとのことでしたが、何月から入りたいと思っていますか？」
父　「10月から入りたいと思っています」
保　「それでは、9月15日までには区役所で保育所入所申請手続きを行ってくださいね。入
　　所希望月の前月15日までに申請手続きを完了させておかないといけないので。また、区
　　役所で入所調整されるので、場合によっては10月から入れないこともあります。必ずし
　　も入ることができるわけではないので、区役所ともよく相談しておいてくださいね」
父　「わかりました。区役所ともよく話をします」
　M主任保育士は、G夫妻とその子どもがW保育園を利用するために、どのような支援が必要となるのかを検討することとした。

2）入所申請から入園へ

　M主任保育士は、区役所の保育所入所窓口Nさんに電話し、G夫妻が保育所見学に来たことを伝えた。そして、見学対応する中で、お父さんは日本語を多少理解しているようで、会話も成立していたが、お母さんのほうは日本語がたどたどしく、簡単な会話しか成立しないように感じたことも話した。Nさんも区役所で対応する中で、お母さんの日本語に対する理解力に不

安があり，保育所入所が決定したら，保育所への支援も検討しなければならないと感じていたようだった。お父さんは出張もある仕事のようで，必ずしも送迎がお父さんになるとは限らないようである。お母さんひとりでも保育所の送迎ができ，保育士とのやりとりがスムーズに行えるようになるためには，どのような支援が必要かを考えることが求められていることをお互いに認識した。M主任保育士は，Nさんに行政として保育所にどのような支援をしてもらえるのかを考えてほしいとお願いした。NさんもGさんが入所申請手続きを進めてくることを想定し，検討しておきたいとM主任保育士に話した。

【演習課題13-2】 行政は外国籍家庭に対し，どのような支援を行っているだろうか。行政のホームページ，広報誌なども参考に，現在どのような支援が全国的には展開されているのかを調べてみよう。

9月14日，区役所からW保育園に連絡があった。G夫妻が保育所入所申請手続きを行ったとのことで，希望保育所はW保育園であったとのこと。9月15日の入所申請締め切り時点で，0歳児の受け入れ人数枠の範囲内であったため，区役所には引き受ける旨の連絡を入れ，10月入所に向けた取り組みを進めることとした。

区役所も外国籍家庭の支援に協力することを伝え，W保育園が保護者との会話に難しさを感じるならば，可能な範囲の関係機関，関係団体等を紹介し，情報提供も行うとのことであった。特に，通訳業務に関しては，区役所には配置されていないが，必要に応じて区役所に通訳派遣申請をすると対応してくれることがあるという情報も入ってきた。M主任保育士は，市役所の通訳派遣申請が私立保育所にも適応されるのか，区役所に詳細を確認してもらうようお願いした。

区役所とのやりとりの一方で，G夫妻に入園前の面談のため，W保育園へ来てもらうよう連絡を取った。再び，W保育園へやってきたG夫妻は，10月1日から入園できる喜びで，M主任保育士に向かって，「ありがとうございます。よろしくお願いします」と笑顔で挨拶してきた。主任保育士は，W保育園が受け入れる曜日，登園時間と降園時間のこと，給食のこと，G夫妻が入園日に持ってこなければならないもの，欠席・遅刻・早退の連絡について，お子さんが保育所で体調を崩した場合の対応などを紙にまとめ，伝えることとした。

【演習課題13-3】 あなたがG夫妻に入園前の面談で説明するならば，どのような内容を伝えるだろうか。G夫妻に伝える内容を考えてみよう。また，どのような伝え方をするだろうか。伝え方も含めて考えてみよう。

M主任保育士は面談の中で，登園や降園のときに，保育士がお迎えに来た保護者とお互いに情報交換を行うことを伝え，お母さんが送迎される際に，保育士と日本語で会話することになると思うが，特別な支援やほかの言語による対応が必要かどうかを確認した。お母さんからは日本語での会話には少し不安もある旨の話が出てきた。また，ベトナムでの子育て文化と日本での子育て文化の違いやこれから日本で子どもを育てていく不安を感じているように見受けられた。M主任保育士は，お母さんの不安が少しでも解消できるように，W保育園として何ができるのかを再び考えることとした。

【演習課題13-4】 お母さんの不安を少しでも解消できるように，会話をスムーズに行うための工夫を考える必要があるのだが，あなたはどのような工夫を考えるだろうか。

2. 外国籍の子どもの受け入れをめぐって保育所における支援を模索する事例　107

　M主任保育士は，現在G夫妻を支えていると思われる社会資源を整理することとした。そして，今後つながることでG夫妻が子育てしやすくなると思われる資源を探すこととした。

【演習課題13-5】　現在，G夫妻を支えていると思われる社会資源を，エコマップにしてみよう。

【演習課題13-6】　上記のエコマップに，今後つながると子育てしやすくなると思われる社会資源を，エコマップで使用した筆記用具以外の色で書き加えていこう。

　実際にエコマップを作成していくと，G夫妻には，お父さんの職場仲間の人たちやお子さんのかかりつけ医（小児科医），区役所のNさん，国際交流協会が主なものとして考えられることとなった。また，今後つながると子育てしやすくなると思われるのは，ベトナム語と日本語の両方に通ずる学生ボランティア，スマートフォンなどの通訳アプリ，当園に通う通訳可能な保護者が考えられる。
　M主任保育士は，ベトナム語と日本語の両方に精通している学生ボランティアを探すため，地元の大学で社会的活動に関わる部署と連絡を取り，ボランティア学生の募集を試みた。ボランティア学生に関わってもらうのは，G夫妻が登園または降園する時間のみとし，主な活動内容は夫妻との通訳とした。

【演習課題 13-7】 ボランティア学生募集の案内ポスターを作成してみよう。

　その後，地元の大学に通うベトナム人留学生が通訳ボランティアとして協力してくれることとなった。お母さんとの会話に慣れ，不安を解消するまでの間，関わってもらうこととなる。また，W保育園に通い始めると，同じクラスの保護者たちが関わり始め，少しずつだがお母さんも言葉が増えてきているようである。日本語に慣れるとともに日本での子育てにも少しずつ自信をつけつつあるようだ。

　W保育園としては，今後，G夫妻を通して，ベトナムの言語のみならず，生活，文化に関することなどについても，園に通う子どもたちや保護者に向けて理解を深められるような行事や活動を計画し取り組んでいこうと考えている。

【演習課題 13-8】 外国籍家庭への理解を深めるために，保育所として，子どもたちや保護者に向けた活動や行事にはどのようなものが考えられるだろうか。あなたが思う活動や行事を計画してみよう。

第Ⅲ部

子育て支援に想う

　第Ⅲ部では，現代の子育て支援を取り巻く諸状況について，本書の執筆者陣が，それぞれの経験や視座から振り返るとともに，今日的な諸課題を取り上げながら論述している。保育士を目指す学習者の方々に是非一読いただき，子育て支援を取り巻く今日的課題について，当事者としての意識を持ちながら共に考え，今後の保育環境のさらなる改善に向けた学習へ取り組むきっかけとしていただきたい。

1　援助の中の子育て支援と子育ち支援

　2019（平成31）年度実施の保育士養成課程の新カリキュラムによって、「子育て支援」という用語が科目名に正式に採用された。また、厚生労働省所管の子ども・子育て支援3法というように法律名称にまで使用されている。「子育て支援」という用語は、何を指すのかについて若干の検討をしてみたい。

　まず、「支援」という用語であるが、類似する用語として、「援助」という用語があるが、筆者は、援助の一部を指し示す用語として理解する。援助とは、辞書で調べてみると、「他人を支えたすけること。援助。後援」という意味で、"他人を助ける"という意味では援助と同様に漠然とした意味としてとらえられる。

　筆者は、援助の3つのレベルで考える。介助、応援、支援の3つのレベルとして援助という言葉の意味をとらえる。

　介助とは、「病人や高齢者などの付添、起居動作の手助けをすること。介添」という意味がある。つまり介助とは利用者に対しての介添え、手助けという意味で、代替、補完という意味でとらえることができる。

　一方応援は、「他人の手助けをすること。またその人に歌を歌ったり声をかけたりして味方チーム、選手を元気づけること」とある。つまり応援とは、他人の手助けをするという意味があるが、ここでの理解では、後者の意味として理解し、直接的に関わったり、代替することはできないが、間接的に他者を援助したり、手助けしたりする意味として理解することができる。つまり、他者を側面から元気づけ見守る行為としてとらえることができる。

　支援とは、「他人を支えたすけること。援助」とある。つまり援助を必要とする人に対して、介助と応援との中間的な位置で、双方の内容を包含している意味として理解できると考える。

　その意味で、子育て支援という意味は、子育てを一義的に行う親、保護者に対しての援助行為であり、常に保護者を支え、応援をしつつ、必要な場合に具体に直接的な行為をも含めて援助するという理解ができると考える。

　このような状況を図式化すると以下のようになると考える。

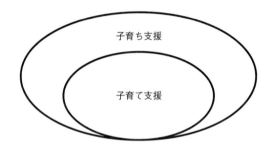

　では、子育て支援と子育ち支援との関係であるが、子育ての主体は誰かと考えてみると、それは親であり保護者であるということができる。また子育ちという言葉の中には、その対象として育ちの主体である子どもが存在する。それを前提として子どもを取り巻く環境があり、その環境に保護者も位置付いていると考えることができる。

　このような意味から、子育て支援という概念より子育ち支援という概念の方が広い概念としてとらえることができるのではないかと考える。

（大西雅裕）

2 他者を理解するということ
－保育者と保護者との関係性を中心に－

　保育者が子育て支援を展開していく上で，保護者のことを理解する努力をしていくことは必須である。

　対人援助職が「他者を理解する」ことが重要であると言葉で言うのは，簡単なことではある。しかし，「他者を理解する」ということは至難の業であり，大変難しく，そう簡単なものではない。人間は本当に他者のことを理解できるのだろうか？　また，同じ「他者を理解する」といっても，理解しようとしている人の立場や役割，職業によって，それぞれの他者への理解は異なっているのではないだろうか？

　筆者は，「他者を理解する」という場合，その人のことを簡単にわかりすぎないことが重要ではないかと考えている。

　例えば保育者が，保護者の子どもへの関わりに問題があるから，子どもが落ち着かないと理解した場合を考えてみよう。保育者が「なるほど，わかった。家庭内の人間関係がうまくいっていないからだ。原因はこれだ」と思ったとしても，その原因といわれるものは，保護者の行動に影響を与えているだけかもしれないし，「きっかけ」となっているだけかもしれない。

　筆者は，なぜ，それが原因といえるのだろうかと思いをめぐらすことがある。人の"こころ"は複雑で，それだけが原因とはいいきれないのではと思うのである。

　「原因探し」は往々にして「悪者探し」につながりやすい。例えば，「子どもがあんなふうになったのは，母親の育て方が悪いからだ，母親がもっとがんばらないと」というように。この場合，原因は母親の育て方で，母親ががんばらないからとなり，悪者は母親となってしまうことがある。このように原因探し，悪者探しをすると，「原因がわかった」となり，どこかで安心してしまったり，そこで話が終わってしまう場合が多い。人間は原因がわかると，どこかで落ち着いてしまうのかもしれない。そのような考え方になるのは，物事には「原因－結果という因果関係がある」という，そんな仕組みに社会全体が慣れきってしまっているからかもしれない。人間はいつの間にか，無意識的にそうなりやすいことを知っておく必要がある。

　ブリーフサイコセラピーの考え方のひとつに，「問題が問題なのではない。問題の解決が問題なのである」という考え方がある。保育者は，原因探しや悪者探しに一生懸命になるよりも，これから自分は目の前にいる保護者に対してどのような対応が可能かと考える。また，保護者は子育てでうまくいっていないときが24時間，ずっと続いているかといえば，そういうわけではなく，うまくいっているときが必ずあるはずである。保育者は，そのことを見つけてみようと努力し，焦らずじっくりと考え，まず小さな変化に目を向けていくことが重要である。小さな変化の積み重ねは，池に石を落としたときに水紋が広がるように，結果的にさまざまな影響を及ぼし，大きな変化に結び付く場合が多々ある。

　保育者が今ある現状の中で，他者に対してどのようなことができるのかを考えることは，大変難しい課題である。人間の"こころ"の場合，この方法ならば誰にでもあてはまるという答えや法則があるわけではない。保護者と保育士である私との関係性の中で，保護者自身が発見的にその人なりの答えを見つけ

ていくことが大切なことであり，保護者の数だけ，その答えはそれぞれ異なっているのである。そして，保育士は，保護者の伴走者としての役割が求められている。その際，重要なことは，保護者一人ひとりには可能性があり，成長する力があるということである。つまり，保護者自身が自らの力で可能性を開発していけるように，保育士として援助をすることが求められているのである。

筆者の体験であるが，ある外科的な治療を受けた際，本当にどうしようもなく痛かったので，「痛い，痛い」と何度も何度も医者に訴えた。しかし，医者は「痛くない。痛くない。大丈夫」といい治療を続けたのである。筆者は「なぜ，痛いといっているのに，わかってくれないんだろう」と思い，その医者に筆者の「痛さ」を理解された感じはなく，苦痛を伴った。そして，それ以降，その医者には決して診察してもらわないでおこうと思った経験がある。

上記の例を保育士と保護者の関係で考えると，例えば，何度も保護者が直接的に言語化して保育士に訴えているにもかかわらず，保護者がその訴えを理解してもらったという感じを得られなかった場合，「こんなに私は先生にメッセージを送っているのに，私のことをなぜ，理解してくれないんだろう」となり，理解してもらえないならば，「この先生にはもう話さないでおこう」となるだろう。

つまり，保育士が保護者のことを「わかった」，「理解することができた」と思ったとしても，保護者自身が「わかってもらえた」，「理解してもらえた」と思っていなければ，それは保育士の思い込み，ひとりよがりであり，いわゆる共感的理解は成立しないことを忘れてはならない。

人間の"こころ"というものは，本当に複雑でそう簡単に理解できるものではない。保育士は，それ故，理解できない，わからないからこそ，保護者の非言語的メッセージや語りに耳を傾け聴かせていただいて，少しでも理解をしたいと努力をし続けていく必要があるのである。

（土肥茂幸）

3 保育所保育指針と子育て支援

　保育所は子育て支援の現場である。保育所で働く保育士たちは、「保育所保育指針」に基づき実践するが、「全国保育士会倫理綱領」〔2003（平成15）年採択〕も大切にしている。「全国保育士会倫理綱領」の前文には次のような言葉がある。

　　私たちは、子どもが現在（いま）を幸せに生活し、未来（あす）を生きる力を育てる保育士の仕事に誇りと責任をもって、自らの人間性と専門性の向上に努め、一人ひとりの子どもを心から尊重し、次のことを行います。
　　　私たちは、子どもの育ちを支えます。
　　　私たちは、保護者の子育てを支えます。
　　　私たちは、子どもと子育てにやさしい社会をつくります。

　以上の前文は、私たち保育士が実践を行う上で、常に意識しておきたい文章でもある。この中に、「子育てを支える」というキーワードが含まれている。保育士にとって、子どもたちの幸せを実現するために、「子育て支援」は欠かせないと考えさせられる。
　それでは、実際に保育士が子育て支援を行うために、どのようなことが求められるのか。この答えを探す上で、「保育所保育指針」を読み解く必要がある。
　保育士は、児童福祉法第18条の4において、子どもの保護者に対して保育に関する指導を行うこととされており、保護者が抱える子育ての悩みや相談に対応し支援することが求められている。それを踏まえて、保育士による子育て支援では、保育士が保護者と連携し、子どもの育ちを支えることや子どもの成長を共に喜ぶことが大切になってくる。保育所や保育士たちは、保護者と共に子どもを育てていることを自覚し、保護者との信頼関係を築き、保護者同士の関係や地域との関係等、保護者を取り巻く環境への働きかけが必要とされる。

　「保育所保育指針」では、第4章において子育て支援は記載されている。そこで書かれている内容は、ぜひとも参照願いたいところであるが、大きく分けると、
　（1）保育所における子育て支援
　（2）保育所を利用している保護者に対する子育て支援
　（3）地域の保護者等に対する子育て支援
について触れられている。

　このことは、保育所そのものが子育て支援とどのように向き合うべきかを明示していると考えられる。そして、保育所そのものの子育て支援を考えるとき、何かしらの行事やイベントだけが子育て支援というのではなく、日常の保育活動において行われていること（例：連絡ノートの記録、登園（降園）時における諸連絡）が保護者を支える取り組みであると筆者は考える。

　実際に現場で子どもたちと向き合うと、特に何かしらの問題を抱えた子どもたちへのアプローチを図るとき、保育士として、その子どもの保護者にどのように伝えると育児の負担が軽減するのか、また園での実践に理解を示すのか…と考え込んでしまう。

　そこで、保護者との信頼関係を築くために、日常の送迎時における対話、連絡ノート、電話や面談等、さまざまな手段が考えられると言ってよいだろう。日常のささいなことからも保護者は子育てに関する情報を得ている。

保護者が抱える不安や悩みが解消され，子どもの成長を共に喜び合える関係でいることが，何よりも重要な子育て支援なのかもしれない。そのために，私たち保育士は，日常のあらゆる活動から子どもたちの育ちに関する情報を収集し，保護者に伝える技術を磨く必要がある。保護者に伝える技術は，私たちの保育実践が伝わるように工夫することであり，日常の保育活動を可視化し，わかりやすく表現することにほかならない。

　日常の保育活動のなかで，保護者を支えようとする保育者の思いと，お互いを理解するための工夫を探すことが，子育て支援の第一歩なのかもしれない。この第一歩が，子どもたちの健やかな成長と安心・安全な暮らしを保障することにつながるのだと筆者は考える。

(藤上幸恵)

4 起源から探る「あたりまえ」

　世の中のさまざまな事象について、その起源がどのようなものであったのかを想像してみると面白い。例えば「言葉の起源は…？」、「文字の起源は…？」といった具合である。例えば子育ては、「一人で自分の命を守ることができる最低限のところまで、次世代の担い手の成長を支える営み」、そして教育は、「一人ひとりが、他者との関係の中で自らを生かすことができるように成熟することを支える営み」と考えたらどうだろうか。これらはいずれも、人間という種がこれからも地球上で生きながらえていく上で、根本に位置付けられる営みといえそうだ。

　したがってこれらの営みはできる限り、「誰にでも、あたりまえ」に行使できるものでなければならない。もし、これらの営みが、それを行使する人に「あたりまえ」ではない、なにか特別な能力を求めているのだとするならば、「子育て」や「教育」は一部の限定された人だけが行使できるものになってしまう。これは種の保存の観点からすれば相当危険で、リスクが高い。なぜなら、その限定された人びとに何らかのアクシデントが生じることが、そのまま人間という種全体の危機に直結するからだ。

　現代の子育てや教育は、この「あたりまえ」の営みという原点を忘れてしまったように感じる。「母親とは／父親とは／先生とは、〇〇でなければならない」といった形で、それを行使するための条件が多く存在し、とても堅苦しいものとなっている。そして、人びとがこれらを疑いもなく信じ、その条件に基づいて自分を評価し、至らない点について自責の念にかられ、もがき苦しんでいる。その苦しみを受け止められない人は、子どもにその怒りをぶつけることがある。あるいはそのハードルの高さに怖れを抱き、営みそのものを放棄してしまうこともある。

　ドキュメンタリー映画「みんなの学校」（2015 年、真鍋俊永監督）は、大阪市にある大空小学校での子どもたちや先生たちの姿を記録した作品である。この映画に映し出されている、大空小学校および学校を取り巻く地域の人びとがくりひろげている子育てや教育は、その起源、「あたりまえ」がどのようなものであったのかについて、多くの示唆を与えてくれる。人びとは、先生や大人である前に、ひとりの人間・社会の一員として、子どもを尊重しつつ向き合っている。こうした関わりに刺激を受けて、子どもたちもまた、ひとりの人間・社会の一員として成長し、自分の足で立ち、歩き、自分から多くの人たちと関わっていく。

　自分で考え、自分のやりかたで表現することが「あたりまえ」であり、かけがえのないものとして尊重された経験を持つ人は、他者の存在や考え、表現に対しても同様に、かけがえのないものとして尊重することができる。そしてお互いに違いを認め合い、補い合いながら協力していくことができる。また、自分の存在や考え、表現が「あたりまえ」に尊重されるような学校や地域などの「居場所」は、その人にとってかけがえのない場所となる。場合によっては、自分の「家」以上の場所になるかもしれない。

　映画を観ると、大空小学校とそれを取り巻く地域は、多くの子どもたちにとって、かけがえのない場所となっていることがわかる。それぞれの人にとって、このような場所がどこかひとつでも存在しているのであれば、た

とえそれ以外の場所が苦しい，つらい場所であったとしても，私たちはなんとかやっていける，生きていけるのではないだろうか。

　もちろん，「○○でなければならない」と信じている人が圧倒的に多い現代において，起源に還り，「あたりまえ」を実現することは，思った以上に難しいことなのかもしれない。大空小学校と同様に，子どもたちの「あたりまえ」の居場所を創造し，ドキュメンタリー映画「こどもの時間」（2001年，野中真理子監督）で紹介された，いなほ保育園の園長，北原和子さんも，現代社会において子育ての「あたりまえ」を実現することの難しさを説いている。実際，保育園を立ち上げる際に並々ならぬ努力と苦労があったという。

　これらの試みは，これまでにない，何か新しいものをつくるというよりも，地中深くに眠っている，そしてかつて確実に存在していた太古の宝物を発掘する作業に近いように思う。私たち人間も動物であり，次世代に命をつないでいくことを宿命づけられている以上，この宝物は私たちの心や社会のどこかに存在し，眠っているに違いない。大空小学校やいなほ保育園は，日々の実践の中で見事にこれを掘りあてたのだ。

　子育て支援を学ぶにあたり，ぜひ皆さんも「誰にでも，あたりまえ」の子育てとはどういったものか，その起源はどういったものであるのかについて考え，自分自身や社会に対する発掘作業に取り組んでいただきたい。

（溝渕　淳）

参考文献

木村泰子：「みんなの学校」が教えてくれたこと－学び合いと育ち合いを見届けた3290日，小学館，2015

北原和子・塩野米松：いなほ保育園の十二ヶ月，岩波書店，2009

5　父親への子育て支援

　近年，日本において父親の子育て参加に注目が集まっている。

　厚生労働省は2010（平成22）年より「イクメンプロジェクト」を始動させている。周知のように，イクメンは"子育てをする男性"を意味する造語である。このプロジェクトは，働く男性が，子育てをより積極的にすることや，育児休業を取得することができるよう，社会の気運を高めることを目的としたものであり，PRのためにインターネットサイトも立ち上げられている。

　しかしながら，日本における父親の子育て参加の現状は厳しい側面がある。たとえば男性の育児休業（育休）取得率は，2017（平成29）年度において5.14％であった。厚生労働省は，2020年度までに男性の育休取得率を13％にする目標を掲げている。2009（平成21）年には育児・介護休業法（正式法律名：育児休業，介護休業等育児又は家族介護を行う労働者の福祉に関する法律）が改正され，父親の育休取得を促すために「パパ・ママ育休プラス」を整備するといったように，過去にもてこ入れがなされてきたが，2020年度までに13％という目標を達成するという，その道のりは遠いと言わざるを得ない。また，83.2％という女性の育休取得率（2017年度）と比較すると，子育てに関する父親・母親のアンバランスがよく見て取れる。「夫は仕事，妻は家庭」といった夫婦のあり方は戦後の高度経済成長期から広まっていったが，今日のように女性の社会参加が進んでも，そのあり方はさほど変わっていないといえる。

　そのような中，「父親であることを楽しもう＝ファザーリング（fathering）」と思う父親を増やし，子育てを支援するため，2006（平成18）年に設立されたNPO法人ファザーリングジャパンの活動は注目に値する。全国で年間1,000回を超えるパパ講座・イクボス（部下のワーク・ライフ・バランス（仕事と生活の両立）に配慮できる上司のこと）講座，セミナー，イベントなどを実施し，『新しいパパの教科書』（2013年），『家族を笑顔にする　パパ入門ガイド』（2018年）など父親の子育て参加に関する書籍も出版している。

　最後に1冊の本を紹介しよう。

　「日本において父親への子育て支援に関する専門書は，現在まで存在していません（中略）それでも社会の様々な場所や機関や，父親自身が父親と子育てに関わる取り組みをしています」と指摘した上で，そのような取り組みを含めて，現在の日本における父親支援についてまとめた『《別冊発達33》家族・働き方・社会を変える父親への子育て支援―少子化対策の切り札』が2017年に刊行された。

　この書籍は，父親への子育て支援について「基礎編」「支援活動の実際」「支援制度・プログラムの実際」「当事者活動の実際」「今後の父親の子育て支援のあり方」というように大きく5つに分けて書かれている。その中で，「保育所における父親の子育て支援」「企業における父親の子育て支援」といった項目のみでなく，例えば「児童虐待加害者としての父親への支援」といった項目についても取り上げており，父親の子育て支援について幅広く内容をおさえた書籍となっている。

　父親の子育て支援を具体的に検討するための紙幅は本稿にはないが，父親の子育て支援を考える際に，必読の書と思われる。

（三ツ石行宏）

参考文献）内閣府：共同参画（112），2018

6　子守りは誰でもできるのか

　このテキストを読まれる方の多くは、保育士資格の取得を目指されると思う。では、なぜ、あなたは、保育士資格取得を目指すのか、また、なぜ、あなたは保育職を目指すのか、この機会に考えてほしい。そして、あなたは、どのような保育士になりたいだろうか。保育職に就かない方も、あなたやあなたの大切な誰かに子どもができたとき、子育てと就労をどのように両立していくだろうか。どのような人に自分の子どもを預けたいと思うだろうか。どんな人でもいいだろうか、誰でもいいだろうか。

　ご存じの方もいるかもしれないが、ホリエモン（堀江貴文氏）がSNS上で「何で保育士の給料が低いと思うか？」という記事に対して、「誰でもできるから」とつぶやき、話題になったことがある。この発言をみなさんは、どう思うだろうか。みなさんのなかには、小さいころから「子どもが大好き」という方もいるだろう。でも、学校で学べば学ぶほど、実際の子どもの保育に関われば関わるほど、喜びとともに大変さも感じるだろう。保育士は児童福祉法に規定された国家資格で、一定の知識、技術、倫理を身に付けないと与えられない資格である。実際、身をもって体験するみなさんにはよくわかるだろう。保育士資格を取るためにはたくさんの科目を学び実習にも行かなければならない。しかし、子育てにあまり関わったことのない方には、子どもを育てることなど誰にでもできそうな感じがするかもしれない。

　「子守りくらい誰でもできる」「子どもじみた」「幼稚くさい」「ガキのつかいか」など子どもや子どもに関わる人を揶揄する言葉は少なくない。そのため、子どもができて、初めて、「子育って、こんなに大変だったのか」と実感する親（保護者）もいる。

　哺乳動物のなかには、出生後、数時間で立ち上がる動物もいるが、私たち人間は、出生後、ひとりで立ち上がるまで、個人差もあるが1年近くかかる。したがって、出生後、誰かのケアなしに育つことはできない。その誰かとは、主たる養育者である親（保護者）である。児童福祉法第2条第2項でも、「児童の保護者は、児童を心身ともに健やかに育成することについて第一義的責任を負う」としている。しかし、いま、子育ては親（保護者）だけでは担いきれない。また、子ども自身も、どこに生まれても安定した養育を受ける権利がある。そのため、同条第3項では、「国及び地方公共団体は、児童の保護者とともに、児童を心身ともに健やかに育成する責任を負う」としている。つまり、具体的には、国や都道府県、市町村は保護者の子育てに関して、経済的支援、さまざまな制度や施策を計画、実施しているが、実際的には専門性を持った「保育士」が中心となり、保育所等で子どもとその親（保護者）への支援を行っている。

　保育士となったあなたの支えがあるから、親（保護者）は安心して子どもを託し、働くことができるのだ。その間、子どもは安心して遊び、学ぶことができる。

　誰でもいいのではなく、専門性を持った保育士のあなたに子どもを預けたい。

（浦田雅夫）

参考）HORIEMON.COM　http://horiemon.com/news/2017/10/12/64627/

7　DV（ドメスティックバイオレンス）と子育て相談

　全国の警察が配偶者などパートナーに対するDV被害として発表した相談件数は，2017（平成29）年度で7万2,455件（前年比3.6％増）となり，初めて7万件を突破する状況となっている。また，DV相談の対応と支援を行う配偶者暴力相談支援センターにおいても，相談等の件数が2017年度で10万6,110件にものぼっている。DV被害は，2001（平成13）年のDV防止法（正式法律名：配偶者からの暴力の防止及び被害者の保護等に関する法律）施行後，年々増加をしており，警察や配偶者暴力相談支援センターのみならず，さまざまな福祉の支援拠点において大きな課題となっている。

　筆者が関わる大阪府の人権相談においても，人権相談の約1割がDV相談となっている。1割というと，多いとは感じられないかもしれないが，大阪府人権相談ネットワークに所属するさまざまな相談支援の現場があげる困難事例では，最も多い困難事例がDV相談となっており，現場の相談員たちが対応に苦慮している状況がみられる。

　現場の相談員たちがなぜDV相談を困難と感じているのか，それには以下のようなさまざまな理由がある。

---

① DV被害のわかりにくさ
② 相談対応の長期化
③ 暴力と共依存の関係
④ 被害者の自己肯定感や心理的安定への支援
⑤ 子どもへの支援展開
⑥ 制度的支援の課題
⑦ 保護や自立支援の課題
⑧ 加害者の更生への支援　など

　DVは，まず被害にあっている方（そのほとんどは女性，以下女性として記述する）が恥ずかしいという気持ちやDVということを認めたくない思い，また自分のほうが悪いと自分を責めている状況などから，本人の訴えにつながらず，その事実を周囲が把握できないことが多い。訴えがあったときには，事態は深刻となっており，女性の身体や心の被害のみならず，子どもへも大きな被害となっていることもある。特に，子育てをしている場合，子どものためにも自分が夫の暴力を起こさせないようにしないといけない，父親から暴力を受けていることを子どもや周囲に知られてはいけない，経済的にも別れることは難しいなどといった考えから，母親がDVの状況をひとりで抱え込んでしまっていることが多い。

　筆者の相談支援の経験では，当初はDV相談ではない別の主訴の相談をしていた相談者が，何度か相談を重ねた後に，実は夫に暴力を受けているという事実を話されることがある。相談者は，いつ話そう，話してもいいものかと迷いながら面談を重ね，援助者との信頼関係が深まることで，ようやくDVの訴えにつながるのである。そのため援助者は，常に関係性の構築を行い，主訴のみにとらわれるのではなく，アセスメントの視点から現在どのような情報が集められ，どのような情報が集められていないのか，ということを見極めながら相談を深め，DV状況の把握に努める必要がある。また，相談時の相談者の様子などから状況を把握することも重要である。身体の動き，発言の量・質，身なり，情緒の揺れ，判断能力など面接時の様子から，母親の緊急状態の把握につながることもある。

DVの相談支援は長期化をすることが多いといえる。それは，DVが，さまざまな暴力から恐怖を与え，制限を行う支配のコントロールであり，さらにDVサイクルといわれる被害者がDVの環境からなかなか抜け出すことのできない悪循環に陥るためである。

　DVサイクルには，緊張の蓄積期，爆発期，ハネムーン期の3つの期間があり，DV被害者は男性が暴力の後に優しくなるハネムーン期の姿を本当の彼として錯覚し，その姿が続くことを追い求めていくことになる。いっときの優しい男性の姿が実際にあるため，きっといつかは暴力を振るわなくなるという思いを断ち切ることが困難となり，さらにそこに暴力による大きな恐怖が加わるため，被害者女性の心は揺れ動き，保護や別れるという判断に時間を要することになる。時間がかかればかかるほど，DV被害者は，身体や心への暴力によって自尊心や自信が蝕（むしば）まれていく。友人や親とも，会うことや連絡を取ることが長期間制限されることで孤立を深め，「逃げる」という当たり前の判断ができなくなる。そのため，援助者は，相談支援において「あなたは傷ついてはいけない，大切な存在である」ということを絶えず伝え，被害者の自己肯定感を取り戻す関わりや，心理的安定への支援を継続して行っていくことを重視する。

　相談支援が長期になる中で気を付けなければいけないことは，時間の経過に伴う暴力や状況の変化である。暴力は徐々にひどくなっていくことが多い。以前と比べどうDVの状況が深刻化しているのか見極めることが重要であり，リスクアセスメントが欠かせない。

　DV支援においては，他にも子どもへの支援展開の難しさ，保護における制度的支援の課題，加害者の更生への支援をしていくことの難しさなどさまざまな支援上の困難があり，他機関や専門職，制度などをフルに活用して支援にあたる必要がある。

　DVは決して特別な問題ではなく，身近にある問題としてまずとらえてほしい。女性の5人に1人は，彼氏や夫から暴力を振るわれた経験があり，周囲の助けを必要としている人は多い。子どもの支援にあたる保育者は，DVが子どもへの面前DVによる心理的虐待であるという意識だけではなく，DV加害者，また被害者も子どもへ直接の虐待を行っていることが多い事実を知り，対応への責任を持っていただきたい。家庭内のことだから口だしできないではなく，保育現場において，母親や子どもの姿で少しでも気になったら，積極的に関係づくりを行い，寄り添うことや情報提供すること，場合によっては虐待として通告を行うことが重要である。「もっと早く知ってくれていたら，もっと早く誰かが支援してくれていたら，こんなに苦しまなくても済んだのに」というDV被害者の潜在的な声に，保育者をはじめさまざまな支援現場が積極的に応えていく必要がある。

（潮谷光人）

8　地域子育て支援拠点施設「ファミリーポートひらかた」の実践

　ここでは，大阪府枚方市にある地域子育て支援拠点施設「ファミリーポートひらかた」（以下，「ポート」）について紹介し，子育て支援の理解につなげてもらえればと思う（筆者は，「ポート」の立ち上げから6年間本体施設児童養護施設の職員として関わり，現在では保育士養成校の教員としてゼミの学生を連れてフィールドワークとして毎年訪れ，見学と聞き取りを実施している）。

　【これまでの歩み】「ポート」は，2004（平成16）年社会福祉法人大阪水上隣保館（以下，隣保館）が枚方市から子育て支援事業の委託を受けてスタートした。その背景には，枚方市には乳児院や児童養護施設がなく，市民は子育て短期支援事業（ショートステイ・トワイライトステイ（以下，ステイ））のサービスを利用するために他市町の遠方の施設まで子どもを送迎しなければならない現状があった。そのため枚方市としては市内にステイのできる施設を確保する必要があったのである。そして一方，隣保館では枚方にステイのできる施設をつくり親のレスパイトをより容易にすることで虐待予防につなげ，施設入所による親子分離を未然に防げないものかと模索しており，そこに双方の思いが一致したのである。そのような事情のもと隣保館は，枚方市から旧市立幼稚園の設備を無償で借り受け，他に類をみないステイの機能を備えた子育て支援拠点施設「ポート」を開始するに至った。

　「ポート」の主要な事業として開設当時から位置付けられていたステイは，その後の13年間で毎年約300〜700人の利用者がある。そして，併せて「つどいの広場事業」，「24時間子育て電話相談事業」も実施していくこととなった。しかし当初は，枚方市で子育て支援に特化した拠点施設がなかったばかりか，全国的にも前例が少なく，新たな取り組みとして手探り状態での始動であった。

　当時の時代背景は，少子化対策として1999（平成11）年の「新エンゼルプラン」により地域子育て支援センターの整備が全国的に始まり，また翌2000（平成12）年には「児童虐待の防止等に関する法律」が制定され，少子化と虐待が改めて社会問題としてクローズアップされていた。しかし，その後少子化にますます拍車がかかり合計特殊出生率は1.29となり，高齢化とあいまって社会に大きな影を落とした。そのころの「ポート」では，これほど地域の子育て支援のニーズが大きく，これほどまでに意義の大きなものとは誰も予想だにしていなかったのである。

　そのような中で，「ポート」では一つひとつ手作りで試行錯誤しながら取り組みを進めていった。スタッフは，子育て経験者をはじめ，保育所や幼稚園，児童養護施設の勤務経験者と多様で，基本的なコンセプトは「自分自身の子育て時期に願っていたものをかたちにしていく」であった。一言では語りつくせない苦労の連続であったが，スタッフは嬉々としてやっているように思われた。何より「ポート」にやってくる親子のニーズに応えようという一心だったのであろう。利用者のある親御さんがこのようなことを言われた。「わたしは，ポートがあったから次の子を産もうと決心できました」，この言葉が「ポート」の働きと役割の尊さを象徴している。

　【次の一歩へ】「ポート」は，核家族化や家族の多様化が進み地域の連帯感が希薄になる中，地域と親子をつなぎ，また，まさにス

テイがそうであるように孫育てをする実家のような機能を果たしている。どうか、これからも「ポート」の原点を忘れず、社会的養護の最前線で親子のニーズを肌で感じ寄り添いながら、たとえそのニーズが法制度の裏付けのないものであったとしても、思いをもって次の一歩を踏み出しくことを期待している。

「ポート」の全景

ファミリーポートひらかた事業内容
○親子の遊び場　ひろば
　プレイルーム2部屋と庭を開放、遊具で自由に遊べ、親子も交流することができる。
　季節の行事も行う。
・赤ちゃんとママのおしゃべりタイム（乳児）
・すくすくらんど（1歳以上）
・にこにっこ（妊娠中〜就学前）
・ぼうけん島（3歳以上）
・もぐもぐ（食育）
・子育てフォーラム（親向け・託児あり）
・おでかけこあら（親向け連続プログラム）
・その他　ベビープログラム
　サークル支援　講師派遣

プレイルーム

○子育て相談
　ひろばの利用時や来所し相談できる。電話でもいつでも相談可能。
・来所相談
・個別相談
・子育て電話相談（24時間）
○子育て短期支援（2歳〜小学4年生）
　子どもを日帰りや宿泊で預けることができる。
・ショートステイ
・トワイライトステイ

すくすくらんど

もぐもぐ（食育）－畑での作業

ステイの部屋

※「ポート」は，法人の成り立ちが大阪市港区の水上生活者の救済から始まっているということから，家族の立ち寄る港として「ファミリーポート」と名付けられた。

(阪野　学)

参考文献

子ども家庭支援センターファミリーポートひらかた編：10周年記念誌ファミリーポートひらかた『これまでの歩みと次への一歩』2版，2018

索引

あ・い

アセスメント	42
アフターフォロー	45
イクメンプロジェクト	117
1.57ショック	2, 12
居場所	37
インターベーション	43
インテーク	41

え・お

エコマップ	30
エバリュエーション	44
MCOモデル	36
援助観	49
援助の3つのレベル	110
エンゼルプラン	2
エンパワメント	35
応援	110
オープンダイアローグ	33
オプトアウト	73

か・き

外国籍の保護者	102
介助	110
核家族世帯	12
家族支援	66
価値自由	27
緊急保育対策等5か年事業	3
近隣関係	14

こ

合計特殊出生率	2, 12
構造化された専門性	49
行動療法	36
コーディネーション	43
個人情報	73
子育て支援と子育ち支援	110
子育て中の孤立感	16
子育ての主体	21, 110
子育ての負担感・不安	16
子育て費用	14
子ども・子育て応援プラン	7
子ども・子育て支援新制度	9
子ども・子育てビジョン	8
子ども虐待	17, 84, 97
子どもの貧困	17

し

ジェノグラム	30
支援	110
支援計画	43
時間の流れ	24, 31
次世代育成支援対策推進法	6
児童虐待の防止等に関する法律	84
児童福祉法	67, 84, 93, 118
社会資源	18, 20, 30
終結	44
出生率	2
障害者自立支援法	67
障害者総合支援法	67
障がい受容	72
障がいのある子ども	66
少子化社会対策基本法	6
少子化対策プラスワン	6
情報収集	42
情報収集の技術	29
初期の面接	41
事例研究	48
新エンゼルプラン	3

す・せ・そ

図像化の技術	26, 30
ストレングス視点	34
セルフヘルプグループ	34
全国保育士会倫理綱領	113
専門的技術	49
専門的知識	49
相談援助	20
相談援助技術	29
相談援助実践	22
相談支援のプロセス（図）	40

た・ち

ターミネーション	44
タイムライン	31
他者を理解する	111
地域支援	66
地域における子育て家庭への支援	59
地域に開かれた保育所	59
地域の保護者	58
父親の子育て参加	117

と

当事者グループ	34
特定妊婦	90
特別な配慮を要する子ども	74
ドメスティックバイオレンス	90, 119
共働き世帯	13

ね

ネットワーキング	37

は・ひ

バイステックの7原則	35
発達支援	66
非言語コミュニケーション	29
ひとり親世帯	12
評価	44
氷山モデル	23

ふ・ほ

フィードバック	44
福祉観	49
プランニング	43
ブレインストーミング	42
保育所における支援	51
保育所保育指針	51, 58, 74, 113

も

モニタリング	44

よ

要支援児童	85, 93
要保護児童	84, 93
要保護児童対策地域協議会	93

ら・り・れ

ラポール	86
リファーラル	41, 44
リフレクティング	34
倫理観	49
レスパイトケア	73

〔編著者〕　　　　　　　　　　　　　　　　　　　　　　　　　（執筆分野）

大西　雅裕　神戸女子大学文学部　教授　　　　　　　　第6章，第10章，第Ⅲ部1

〔著　者〕（執筆順）

三ツ石行宏　高知大学教育学部　講師　　　　　　　　　第1章，第2章，第Ⅲ部5

溝渕　　淳　高野山大学文学部　准教授　　　　　　　　第3章〜第5章，第Ⅲ部4

藤上　幸恵　認定こども園きくが丘保育園　副園長　　　第7章，第13章，第Ⅲ部3

土肥　茂幸　大阪人間科学大学人間科学部　准教授　　　第8章，第Ⅲ部2

潮谷　光人　東大阪大学こども学部　教授　　　　　　　第9章，第Ⅲ部7

浦田　雅夫　京都女子大学発達教育学部　教授　　　　　第11章，第Ⅲ部6

阪野　　学　四條畷学園短期大学保育学科　教授　　　　第12章，第Ⅲ部8

保育者のための
子育て支援セミナー

2019年（平成31年）4月1日　初版発行
2022年（令和4年）11月25日　第2刷発行

編著者　大　西　雅　裕
発行者　筑　紫　和　男
発行所　株式会社　建　帛　社
　　　　　　　　KENPAKUSHA

〒112-0011　東京都文京区千石4丁目2番15号
　　　　　　TEL (03) 3944－2611
　　　　　　FAX (03) 3946－4377
　　　　　　http://www.kenpakusha.co.jp/

ISBN 978-4-7679-5106-5　C 3037　　　　　　　　幸和印刷／ブロケード
©大西雅裕ほか，2019.　　　　　　　　　　　　　Printed in Japan
（定価はカバーに表示してあります）

本書の複製権・翻訳権・上映権・公衆送信権等は株式会社建帛社が保有します。
JCOPY〈出版者著作権管理機構　委託出版物〉
本書の無断複製は著作権法上での例外を除き禁じられています。複製される
場合は，そのつど事前に，出版者著作権管理機構（TEL 03-5244-5088，
FAX 03-5244-5089，e-mail：info@jcopy.or.jp）の許諾を得て下さい。